Ka[illegible]
Beyni
Erkek
Beyni

Birbirinizi ne kadar
tanıyorsunuz ki?

dr.serkan
karaismailoğlu

Bilgi-İyilik-Gelişim Serisi 51

Kadın Beyni Erkek Beyni

Hayat Amacımız

Daha eğitimli ve daha çok okuyan bir ülke için çalışıyoruz.

Gelecek Hayalimiz

Alanımızda Türkiye'nin en saygı duyulan kurumu olacağız.

Değerlerimiz

Dürüstlük
İş Kalitesi
Girişimcilik
Hoşgörü
Yurt Sevgisi

Bilgi-İyilik-Gelişim Serisi 51
Kadın Beyni Erkek Beyni ©

Genel Koordinatör: Akif Aktuğ
Editör: İpek Arman
Mizanpaj ve Kapak Tasarım: Songül Düzgün
Yayın Ekibi: Ahmet Seyfi Atmaca, Bahar Güzel, Ceyda Çalatlı, Çiğdem Karaca, Demet Uyar, Gamze Aras Azapoğlu, Gülderen Çopur, Hüseyin Yılmaz, Sait İşseven, Sevim Yaylagül, Vildan Barış Örkmez

1. Basım Nisan 2015
6. Basım Aralık 2017 (5.000 Adet)

ISBN / 978-605-5286-78-1

Elma Yayınevi
Aziziye Mah. Portakal Çiçeği Sok.
No:37/7 Çankaya/Ankara
Tel: 0312 417 72 73
Yayıncı Sertifika No: 12437

Basımevi: Koza Yayın Dağıtım Sanayi ve Ticaret AŞ
Cevat Dündar Caddesi No: 139 Ostim/Ankara
Matbaa Sertifika No: 12385

Her türlü kitap talebinizi temsilciliklerimizden, **www.elmayayinevi.com** adresimizden, telefon veya faks aracılığıyla yayınevimizden yapabilir; kitaplarımızla ilgili görüşlerinizi **bilgi@elmayayinevi.com** adresi aracılığıyla paylaşabilirsiniz.

temsilciliklerimiz

Akdeniz Bölgesi / CDR Eğitim ve Danışmanlık • Atınç Büyükduykular • Tel: (242) 247 72 72 • atincbuyukduykular@izgorenakademi.com
Bursa / MGK Eğitim Hizmetleri • Özlem Erbaşlar • Tel: (224) 243 87 15 • ozlemerbaslar@izgorenakademi.com
Kayseri / OAG Eğitim Danışmanlık • Sibel Ötegen Özdemir • Tel: (352) 234 17 18 • sibelotegen@izgorenakademi.com
Kocaeli / Özel Batı Karadeniz Eğitim Danışmanlık • Yasemin Kaya • Tel: (262) 319 02 00 • yaseminkaya@izgorenakademi.com
Samsun / Karadeniz Eğitim Danışmanlık • Şehnaz Dereli • Tel: (533) 479 05 00 • sehnazdereli@izgorenakademi.com

Teşekkür

Bu kitabın sizlerle buluşmasında çok büyük emeği olan Elma Yayınevi çalışanları ve tüm İzgören ailesine, akademik hayatımın şekillenmesinde önemli katkıları olan Hacettepe Üniversitesi Tıp Fakültesi Fizyoloji Anabilim Dalı'ndaki kıymetli hocalarıma, bilimsel bilgiyi üniversitenin duvarları arasından çıkarıp insanlarla paylaşma mücadelesinde en büyük destekçim olan çok sevgili öğrenci dostlarıma ve bilim dünyası içerisindeki maceram sırasında büyük bir sabırla beni destekleyen eşim, annem, babam ve kardeşlerime sonsuz teşekkürler.

İçindekiler

Başlangıç

Ne kadar iyi huylu olursan ol fark etmez.
Sonuçta benim için bir tümörsün.

Kız, adamın gözlerinin içine uzun uzun baktı. Delicesine sevdiği bu adamın nasıl olur da bu kadar duygusuz ve acımasız hâle geldiğini bir türlü aklı almıyordu. Sanki her şey normalmiş gibi tabağındaki yemeği hızlıca yiyordu. Oysa iki yıl önce böyle miydi? Yine aynı mekânda beraber yemeğe gelmişlerdi. Oğlan, şu an hızla yemekte olduğu yemeği o gün de istemişti. Kız, her detayı daha dün yaşamışlar gibi hatırlıyordu. Nasıl unutabilirdi ki? Oğlan, önündeki yemeğe elini bile sürmeden dakikalarca hayranlıkla sadece genç kızı izlemişti. Bakışları âdeta genç kızın içinde bir şeylerin eriyip hızla damarlarında dolaşmasına neden olmuştu. Oğlan, yabancı bir dilde derdini anlatmaya çalışan biri gibiydi. Cümleler kurmaya çalışıyor ve bir türlü doğru özne ve yüklemi bir araya getiremiyordu. Aslında konuşma konusunda oldukça yetenekli olan oğlanın, karşısında bu becerisini yitirmesi ilginç bir şekilde kızın hoşuna gidiyordu. Oğlan her ne kadar kendi ağız kaslarını kullanmayı beceremese de en sonunda kurduğu cümle kızın yüzündeki kasları harekete geçirerek gülümsemesine neden olmuştu. "Sanırım aşk, beyninin kullanma kılavuzunu hiç tanımadığın birine teslim etmek olsa gerek" demişti genç adam. Yüzü de kızarmıştı. Oğlanın yüzünde hızla yayılan kızarıklık genç kızın bedeninde yayılan bir bağlılık dalgasıyla senkronize gidiyordu. Genç kız o zamanlar nasıl da emindi hayatının aşkını bulduğundan. Oysa şu anki düşüncesine göre aşkın gözü kördü ve oğlanın gerçek yüzünü ancak şimdi görebiliyordu. Hiçbir şey olmamış gibi iştahla yemek yemesi kızın sinirlerini iyice tepesine çıkarmıştı... (Devam edecek)

Film, müzik, edebiyat ve diğer birçok alanda defalarca karşımıza çıkan ve belki de en çok incelenen konulardan biri kadınlar ve erkekler arasındaki farklar ve bu farkların hayatımıza yansımaları olmuştur. Kimileri bu farkların hayatımızda oluşturduğu adaletsizlikten bahsederken kimileri de bu farkların hayatımızı renklendiren yegâne unsur olduğunu savundu. Bunun üzerine sayısız tartışmalar ve kavgalar yapıldı. Aslında herkes yıllardır "Bardağın yarısı dolu mu, boş mu" diye tartıştı. Hiç kimse de sormadı "Yahu bu bardağın içinde ne var" diye. Bu kitapta bardağın içinde ne olduğunu ve bunun hayatımıza nasıl yansıdığını anlamaya çalışacağız.

Sevgili okuyucu, aslında kavgalarımızın çoğunun altında yatan birçok sorun, birbirimizi yeterince tanımamamızdan kaynaklanıyor. Her iki cinsiyet de olaylara kendi açısından baktığı için gördüklerini kendine göre yorumluyor. Oysaki beynimizdeki yapılanmanın farklı gelişmesi, aslında günlük hayatımızda yaşadığımız birçok anlaşmazlığın temelini oluşturmaktadır. O nedenle eğer birbirimizin beyinlerini yeterince iyi tanırsak davranışlarımızı da bu doğrultuda oluşturabilir ve birbirimize daha fazla tolerans gösterebiliriz.

Hepimiz hayatımızın bir evresinde bir beyin resmi görmüşüzdür. Peki, hiç merak ettiniz mi, baktığınız resimdeki beyin bir erkeğe mi, yoksa bir kadına mı ait diye? Aslına bakarsanız yakın zamana kadar bilim dünyası bize hep tek bir resim gösterdi ve bir iki ufak ayrıntı dışında her iki cinsiyetin beyninin de benzer yapıda olduğunu savundu. Lakin son on beş yılda elde edilen veriler, kadın beyni ve erkek beyninin aslında birçok yönden farklılık gösterdiğini ortaya koymuştur. Okumuş olduğunuz bu kitapta, kadın ve erkek beyni arasındaki farklılıkları ve bu farklılıklar sonucu dünyaya oldukça farklı gözlerle bakmamızın altında yatan sinirbilimsel nedenleri inceleyeceğiz. Bunu yaparken de özellikle kadınlar ve erkekler arasında yaşanan problemleri bir bir ele alıp aslında tüm bu problemlerin nedeninin beynimizdeki bazı bölgelerin birbirinden farklı çalışmasından kaynaklandığını anlayacağız. "Kadın ve erkek beyni arasındaki temel farklar nelerdir? Kadınlar gerçekten de çok mu konuşur? Erkekler neden dinlemez? Empati yapmak erkek adamı bozar mı? İlişkide seçici olan kimdir?" gibi bir çok soruyu beynimizdeki bu farklılıklar doğrultusunda cevaplayacağız.

Bölüm 1

Gezegenler, Mitoloji ve Toprak Solucanları

Boşlukta dönen bir topun üzerinde yaşıyorken
ne kadar ciddi olabilirsin?

Yazar John Gray'in 1990'larda yazdığı "Erkekler Mars'tan, Kadınlar Venüs'ten" adlı kitabı, 121 hafta boyunca en çok satanlar listesinde yer alarak yedi milyonun üzerinde satış rakamına ulaşmış ve bir kitap için olağanüstü bir başarı göstermiştir. Sırf bu rakamlara bakarak bile kadın ve erkeklerin cidden ayrı gezegenlerden gelmiş olabileceğini düşünen oldukça kalabalık bir topluluk olduğunu varsayabiliriz. Peki, gerçekten de iki ayrı gezegenden gelecek kadar farklı mıydı her iki cinsiyetin davranışları? Ortada bu kadar ciddi anlaşmazlıklar var mıydı yoksa konu abartılıyor muydu? Aslına bakarsanız tüm davranış modellerini beynimiz belirlediğine göre Venüslülerle Marslıların beyin yapılarının birbirinden epeyce farklı olması söz konusu olabilir.

Kadınları güzeller güzeli Venüs temsil ederken erkekleri yamuk yumuk Mars'ın temsil etmesine hiç takılmadan birkaç konuya açıklık getirmekte fayda var. Mitolojide Venüs (Yunancada Afrodit), aşkın ve güzelliğin tanrıçasıdır. Venüs gezegeni geçmiş zamanlardan beri en parlak gezegen olarak gözlendiğinden kendisine bir "tanrıça" ismi verilmiştir. Diğer taraftan, kızıl gezegen Mars'ın adı ise Roma mitolojisindeki Savaş Tanrısı'ndan gelmektedir. Doğal olarak kadınların Venüs'ten, erkeklerin ise Mars'tan dünyamıza geldiği benzetmesi gezegenlerin ad ve karakterlerine bakınca oldukça uygun duruyor.

Söz konusu Venüs olduğunda çok garip bir bilgiyi paylaşmak gerekir. Hepinizin bildiği üzere güneş sistemindeki gezegenler belirli bir yörüngede dönerken aynı zamanda kendi etraflarında da dönmektedirler. Gezegenlerin bu hareketleri ile ilgili olarak astronomide kullanılan çeşitli değerlendirme yöntemleri vardır. Örneğin kendi etrafında dönen bir gezegene üstten baktığınızda saat yönünün tersinde dönüyorsa buna pozitif yön, saat yönünde dönüyorsa buna negatif yön denir. Gezegenlerin hemen hepsi kendi eksenleri etraflarında dönmelerini pozitif yönde yaparken bilin bakalım hangi gezegen diğerlerine ters yönde dönmektedir? Evet, tam da tahmin ettiğiniz gibi tipik bir Venüs davranışı. Venüs gezegeni ilginç bir şekilde kendi etrafında dönüşünü diğer gezegenlerin tam zıttı bir biçimde yapmaktadır. Hani erkekler hatta sinirbilimciler olarak kadınların bazı davranışlarını anlamakta zorlanırız ya, işte astronomi dünyasında da Venüs'ün niye böyle davrandığının tanımlaması bir o kadar zor durumdur.

Erkeklerin Mars'tan, kadınların Venüs'ten geldiği düşüncesi o kadar benimsenmiştir ki günümüzde kullanılan cinsiyet sembolleri bile bu gezegenlere göre oluşturulmuştur. Aşağıdaki resimde Güneş, Ay ve birtakım gezegenlere ait sembolleri ve bu gezegenlerin temsil ettiği elementleri görmektesiniz. Muhtemelen erkek ve kadına özgü iki sembolü de hemen fark etmiş olmalısınız. Gördüğünüz üzere kadın ve erkeğe ait semboller aslında Venüs ve Mars'a ait semboller olarak karşımıza çıkmaktadır. Madem gezegenler ve mitoloji dünyasına bu kadar girdik bir meseleye daha açıklık getirelim. Sonuçta yeryüzünde kendini kadın ya da erkek gibi hissetmeyenler de var. Peki, bu kişilerin bir gezegeni var mı? İlginç bir şekilde eşcinseller ve cinsiyet değiştirenler de geleneksel olarak kendilerini simgeleyen gezegeni Merkür olarak seçmişlerdir. Doğal olarak da kendilerini temsil etmesi açısından Merkür'ün sembolünü kullanmışlardır.

Eş cinseller ve cinsiyet değiştirenlerin temsili gezegen olarak Merkür'ü seçmelerinin altında yatan hikâye de bir o kadar ilginçtir. Roma mitolojisindeki kanatlı tanrılardan biri olan Merkür, aynı zamanda eski yunanda sabahyıldızı Hermes olarak da

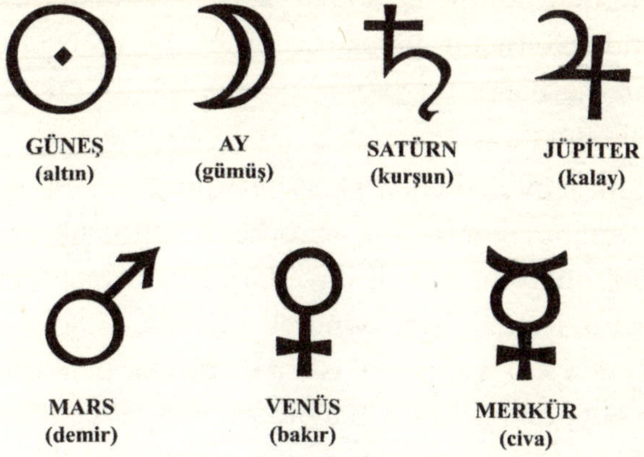

Güneş, Ay ve birtakım gezegenlere ait semboller ve elementler

bilinir. Hikâye bu ya, Hermes bir gün güzeller güzeli Afrodit'e âşık olur ve bu aşkın sonucu olarak bir oğulları doğar. Doğan oğullarına kendi isimleri olan Hermes ve Afrodit'in birleştirilmiş hâli olan Hermafrodit adını koyarlar. Sevgili okuyucu, gördüğün üzere günümüzde sevgililerin isimlerini birleştirerek yeni bir isim oluşturma çabasının, mitolojiye ve tanrılara kadar uzandığı görülmekte. Neyse hikâyemize geri dönecek olursak Hermafrodit bir gün göle yüzmeye gider. Kendisi gölde yüzdüğü sırada onu gören ve görür görmez âşık olan bir su perisi, Hermafrodit'in yanına gidip ona sıkıca sarılarak tanrılara onları birbirlerinden ayırmamaları için yalvarır. Dileği anında kabul olur ve sonuçta tek bir bedende çift cinsiyetli olarak yaşarlar. Biyolojide her iki cinsiyet organına da sahip canlıları tanımlamakta kullanılan hermafrodit kelimesinin de buradan geldiğini paylaşmakta fayda var. Bu arada söz konusu mitoloji olduğunda hikâyelerin birçok uyarlaması olduğunu unutmamak gerekir. Hikâyenin bir farklı uyarlamasında ise Hermes ile Afrodit'in hiç ayrılmamak adına tek bir vücutta birleştiği de öne sürülür. Hikâyenin çok farklı anlatımları olsa da sonuç aynıdır. Hermafroditlik aslında doğada sık karşılaşabileceğiniz bir durumdur. Örneğin hareket eden bir hermafrodit görmek istiyorsanız herhangi bir parka giderek bir toprak solucanını inceleyebilirsiniz.

İlk bölüm için yazılanlar sizleri yanıltmasın. Okumakta olduğunuz kitabın konusunu astronomi, mitolojik tanrılar ve toprak solucanlarının cinsel hayatları oluşturmamaktadır. Bu nedenle sorularımıza geri dönecek olursak "Kadın ve erkek beyni arasında fark var mıdır, varsa bu farklar nelerdir? Her iki cinsiyetin beynini birbirinden ayıracak yapısal ya da fonksiyonel farklılıklar bulunmakta mıdır?" Son on beş yıllık dönemde beyin cinsiyeti "brain gender" konusunda yapılan birçok çalışma ortaya çok ilginç sonuçlar koymaktadır. Lakin bu çalışmaları incelemeden önce gelin hep beraber şu erkek beyninin tarihini bir inceleyelim.

Bölüm 2

Tarihi Erkek Beyni

Masal tadında insanlar tanıdım,
bir varmış bir yokmuşlardı.

Konu ne olursa olsun, insanların genel anlamda tarihi bilgileri sıkıcı bulduğu düşünülür. Tarihi çok seven biri olarak her ne kadar bu gerçeği bir türlü kavrayamasam da bu bölümü kitaba koyup koymamayı çok düşündüm. En sonunda tarihi bilgiye olan bağlılığım galip geldi ve bu bölümü çıkarmamaya karar verdim. Eğer gerçekten tarihi bilgileri sıkıcı bulan biriyseniz bu ve bir sonraki bölümü okumayıp "Kabullenmelerimiz" başlıklı dördüncü bölümden okumaya devam edebilirsiniz. Zira bu ve bir sonraki bölümde yazanlar, beynin bir cinsiyeti olduğunun anlaşıldığı döneme kadar yaşanmış olan, beyinle ilgili enteresan keşifleri kapsamaktadır. Örneğin ruhun neden beyin yerine kalp ile özdeşleştirildiği, sadece dokunarak beyin hakkında ne gibi yorumlar yapılabileceği ve Fransız Devrimi'nin sinirbilimin gelişmesinde neden bu kadar önemli olduğu başlıkları ilginizi çekiyorsa bu bölümü okumaya devam edebilirsiniz.

Tarihsel sürece bakacak olursak insan beyni ile ilgili önemli keşiflerin, özellikle savaş alanlarında gerçekleşen kafa yaralanmaları ve ölümler sonucu ortaya çıktığını söyleyebiliriz. Savaş alanlarında çoğunlukla erkekler bulunduğundan, beyin ile ilgili toplanan bilgilerin büyük bir kısmı erkeklere aitti. Günümüze kadar ulaşan birçok çizimde de erkek beyni resmedilmişti. Burada sinirbilim camiası basit bir indirgeme yaparak muhtemelen erkek beyni için geçerli olan özelliklerin kadın beyni için de geçerli olacağını düşünmüştü. Bu nedenle erkek beyninin tarihi keşif sürecini anlamak, kadın ve erkek beyinleri arasındaki farkı anlamamızda kolaylaştırıcı rol oynayabilir. Bu doğrultuda, başlangıç olarak beynin keşfedilişinin kısa hikâyesini gözden geçirelim.

Çok Çok Eskiler

Elbette ki çok çok eski zamanlarda, insanların yaşayış şekilleri ve neler öğrendikleri hakkında net bir bilgimiz yok. Lakin şu anki paleoantropolojik kaynaklara bakarak bundan yaklaşık 7.000 yıl önce insanların trepanasyon (trepanation) denen bir yöntemle kafataslarında delikler açtıklarını biliyoruz. Ülkemiz de dâhil olmak üzere birçok coğrafi bölgede yapılan araştırmalarda kafataslarında delikler olan buluntulara rastlanmıştır. Trepanasyon kelimesi ile Google'da birkaç arama yaparsanız oldukça ilginç örneklere rastlayabilirsiniz. Peki, bu kişilerin kafataslarında neden delikler vardı? Acaba bu delikler eski zamanlarda uygulanan bir öldürme yöntemini mi gösteriyordu? Yoksa kişi öldükten sonra uygulanan bir ayinin varlığı mı söz konusuydu? Aslına bakarsan sevgili okuyucu, sorularımızın cevabı için kafatası buluntularına daha yakından bakmak gerekiyordu. Çünkü bu kafataslarındaki deliklerin kenarlarında, iyileşmeye dair işaretler bulunmaktaydı. Yani bu delikler, kişiler canlıyken açılmış olmalıydı. Çünkü ancak bu sayede kemik doku bir miktar iyileşme gösterebilirdi. Özetle insanların, 7.000 yıl önce kafatasını delip beyin ile ilgilendiklerini görüyoruz. Bunu neden yaptıkları hakkında net bir cevabımız olmasa da muhtemelen tedavi amaçlı ya da kötü ruhları kovmak adına yapılan bir uygulama olduğunu düşünebiliriz. Trepanasyon adlı bu uygulamanın, günümüzde bazı sıra dışı gruplar tarafından hâlen denendiği konusunda birbirinden ilginç hikâyeler bulunmaktadır.

Antik Mısır ve Edwin Smith Papirüsü

Antik Mısır döneminde ruh, bilinç gibi kavramların merkezinin kalp olduğuna inanılmaktaydı. Mısırlılar insan vücudunu mumyalarken kalbi korurlar, beyni ise burnun ve damağın arkasından delikler açarak parça parça çıkarıp yok ederlerdi. Mısırlıların kalbe neden bu kadar önem verdiğini Aristo ile ilgili kısımda inceleyeceğiz. Her ne kadar ruh ve bilincin merkezini kalp olarak gösterseler de sinirbilim ve beyne ait günümüze kadar ulaşan ilk yazılı çalışma yine bir Mısırlıdan gelmekteydi.

Edwin Smith Papirüsü olarak bilinen bu belge yaklaşık 3.700 yaşında olup bu olağanüstü el yazmasını bulan ve 1862 yılında Mısır'ın Luxor şehrinden ülkesi Amerika'ya getiren Mısır uzmanı Smith, belgenin asıl değerini ortaya çıkaramamıştı. Smith'in ölümünün ardından belge, kızı tarafından müzeye bağışlanmıştı. Amerikalı Arkeolog James Breasted 1930 yılında uzman bir doktor eşliğinde yaptığı incelemede, belgenin aslında MÖ 3000–2500 yılları arasında yazılmış orijinal bir belgeye ait bulgular içeren bir metin olduğunu ortaya çıkarmıştı. Bu el yazmasında 33 adet kafa ve omurga travması olmak üzere toplam 48 vakadan ayrıntılı bir şekilde bahsedilmektedir. Genel anlamda beynin görünüşü tarif edilmiş ve çeşitli travmalar sonucu kaybedilen yetiler ele alınmıştı. Aşağıdaki resimde bu metin içerisinde belirli yerlerde tekrarlanan ve beyin kelimesine karşılık geldiği düşünülen karakterler gösterilmiştir.

Aslına bakarsanız sevgili okuyucu, bu el yazmasında oldukça ilginç vakalar da ele alınmıştı. Mesela yirmi numaralı

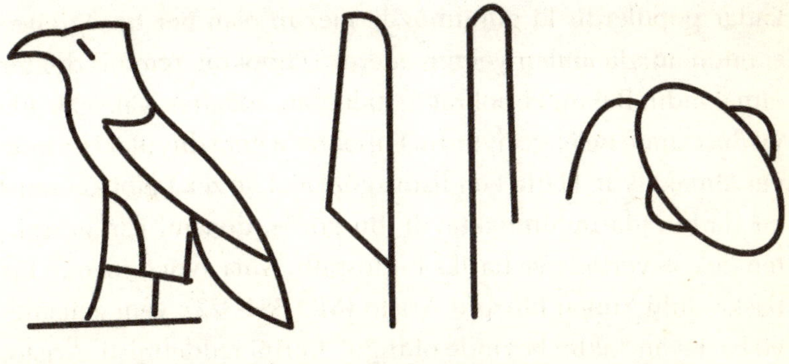

Edwin Smith Papirüsü'nde "beyin" kelimesine karşılık geldiği düşünülen karakterler

vakada, şakak kemiğinden yaralanan bir kişinin semptomları tek tek tarif edilmekteydi. Yorum olarak bu tip vakaların asla tedavi edilemeyeceği ve bu bölgede meydana gelen yaralanmalar sonucu konuşma yetisinin kaybolacağı vurgulanmıştı. Bu çok ilginç bir tespitti. Çünkü yüzlerce yıl sonra, 1861 yılında, konuşma ile ilgili olduğu düşünülen bu bölge Paul Broca tarafından biraz da şans eseri keşfedilecekti. Bu arada Paul Broca ismini bir kenara not etmekte fayda var çünkü kitabın ilerleyen kısımlarında da göreceğiniz üzere Broca, kadın ve erkek beynine dair farklılıkları ilk dile getiren bilim insanlarından biridir.

Aristo'nun Akıllı Kalbi ve Beyinsiz Tavuğun Hikâyesi

Aslında her organın yapısına bakarak işlevi hakkında fikir sahibi olabiliriz. Örneğin elimiz tutmaya, ayağımız yürümeye yarıyor. Peki, ya kafa ne işe yarıyordu? Antik dönemde, Yunanlılar kafanın şekli hakkında bir yorum yapamasa da dış dünyayı algılayan göz, kulak, burun ve dil gibi birçok önemli yapının burada yer almasından dolayı kafaya ayrı bir önem vermişlerdi. Örneğin tıp dünyasının çok önemli bir ismi olan Hipokrat'ın (MÖ 460-379) bu konuda oldukça ileri görüşleri bulunmaktaydı. Hipokrat'ın görüşlerini belirtmeden önce bir özelliğini okuyucu ile paylaşalım. Kendisi tıp camiasında o kadar popülerdir ki günümüzde mezun olan her tıp öğrencisi onun adıyla anılan yemini ederek (Hipokrat Yemini) doktor olmaktadır. Bakın, Hipokrat'ın aklından, milattan yaklaşık 400 yıl öncesinde neler geçiyordu. Hipokrat'a göre duyular beyinde yer almaktaydı. Hatta kendisine göre akıl ve zekâ gibi kavramlar da burada bulunmaktaydı. Bu görüş, dönemi için gerçekten de çok yerinde ve harika bir tespitti. Ama aynı dönemin bir başka ünlü Yunan filozofu Aristo (MÖ 384-322), yeni gelişmeye başlayan "aklın beyinde olduğu" fikrini reddetmişti. Aristo, Mısırlılar gibi aklın kalpte olduğuna inanıyordu. Kendisinden önce böylesine önemli keşifler ve gözlemler olmasına rağmen Aristo'nun kalpte ısrarcı olmasının nedeni de oldukça ilginç bir hikâyedir aslında.

Öncelikle Aristo'nun, yaşadığı dönem için çok iyi bir gözlemci olduğunu belirtelim. Özellikle solucan, böcek gibi küçük hayvanlarda yaptığı gözlemler çok ilginç bir sonuçla karşılaşmasına neden olmuştu. Zira incelediği hayvanların hiçbirinde belirgin bir beyin yapısı yoktu. Eğer beyin, aklın ve ruhun bulunduğu merkezi bir yapı ise bu canlılarda da muhakkak olmalıydı. Çünkü bu canlılar hareket edebiliyor, besleniyor ve çoğalabiliyorlardı. Eğer bu canlılarda beyin yoksa o zaman aklın ve ruhun bulunduğu yer başka bir organ olmalıydı. Aslına bakarsanız Aristo'nun bakış açısı oldukça mantıklı gözükmektedir. O nedenle burada hemen araya girerek bir konuya açıklık getirelim. Solucan ve böcek gibi insana göre daha ilkel olan canlılarda bildiğimiz anlamda bir beyin olmasa da *gangliyon* adını verdiğimiz yapılar bulunmaktadır. Bu yapılar bir bakıma beyin görevi görüp canlının sinir sistemini idare ettirerek hareket etme ve beslenme gibi birçok olayı kontrol edebilirler. Bu yapıları sadece gözlem yolu ile fark edebilmek çok zor bir iş olacağından, Aristo'nun dönemin koşulları altında bu detayı gözden kaçırmış olması oldukça anlaşılabilir bir durumdur. Sonuç olarak Aristo'nun haklı olduğu nokta, bu hayvanların bir beyinlerinin olmamasıydı. Kaçırdığı nokta ise bu hayvanların beyin görevi gören, daha ilkel bir merkezi sisteme sahip oldukları gerçeğiydi.

Kalp ile ilgili hikâyemiz de tam burada başlıyor sevgili okuyucu. Çünkü Aristo'ya göre beyinleri olmamasına rağmen bu hayvanların hepsinin kalpleri oldukça belirgindi. Ayrıca incelediği tüm canlılarda gözle görülen bir kalp yapısı muhakkak bulunmaktaydı. Üstelik kalp vücudun ortaya yakın, merkezi bir bölgesinde yer almaktaydı ve belirli bir ritimde sürekli çalışmaktaydı. Tüm bunlar yetmezmiş gibi kalpten çıkan uzantıların (damarlar) giderek incelerek vücudun her bir köşesine gidiyor olması, oldukça ikna edici gözlemler olmuştu kendisi için. Bu durumda tüm oklar kalbi gösteriyordu ve akıl, ruh büyük bir ihtimalle bu organdaydı.

Aristo bu fikirler arasında gidip gelirken bir gün pazar yerinde rastladığı bir olay artık tümüyle emin olmasına neden olmuştu. Pazar yerindeki tezgâhta çalışan bir adam, elindeki tavukların kafalarını hızlı bir şekilde kesip, tüylerini yolmaları için yanındaki çalışanlara veriyordu. Bir anlık dalgınlık sonucu veya yaptığı rutin işin verdiği sıkıcılıktan dolayı elindeki baltayı tavuğun kafasına indirirken boynun her zaman kestiği yerinden biraz daha yukarıya indirdi. Baltanın darbesiyle kafası uzaklara savrulan tavuk, sonrasında hiç beklenmedik bir tepki gösterdi. Adamın bir anlık boşluğundan yararlanarak elinden kurtuldu ve son hız uzaklara doğru kaçmaya başladı. Muhtemelen tavuk satıcısı elinde baltası, ağzı açık bir şekilde kaçan tavuğa bakarken ağzının açıklığı tavuk satıcısından bile daha çok olan biri de aynı ortamda bulunmaktaydı. Aristo gördüklerine inanamıyordu. Kafası az önce kesilen ve dolayısıyla beyni olmayan bir tavuk gözlerinin önünde koşarak uzaklaşıyordu. Artık başka bir kanıta ihtiyacı yoktu. Beyni olmayan ama kalbi olan bir tavuk kaçarak gözden kaybolmuştu. Gerek daha önce yaptığı gözlemler gerekse de yaşadığı bu ilginç olay sonrasında, aklın ve ruhun kalpte olduğundan emindi artık.

Burada aklınıza şu soru gelebilir. Tamam, belki Aristo aklın merkezinin kalp olduğuna ikna olmuştu. Peki, Aristo'ya göre beyin ne iş yapıyordu? Kendisi kafayı kalbe taktığından, beynin görevini de yine kalp üzerinden açıklamaktaydı. Aristo'ya göre vücudun içerisinde hareket eden kan, oldukça sıcaktı ve beynin görevi sıcak akan kanı soğutmaktı. Yani içinde milyarlarca nöron olan ve bilinen evrendeki en gizemli nesneye basit bir soğutucu muamelesi çekmek de ünlü Aristo'ya nasip olmuştu. Aristo'nun etkileyici üslubu ile geniş bir alana yayılan bu fikrin kalıcı hâle gelmesindeki ana neden ise dini öğretilerin bu bilgiyi kullanarak kalbi öne çıkarmaları olmuştur. Söz konusu, dinin referansı olunca bu bilgi yaklaşık 2.000 yıldır varlığını koruyarak günümüze kadar gelmiştir ve hâlen yoluna devam etmektedir. Burada kalp konusunda hassas okuyucularımız için şunu belirtelim. Günümüz bilgileri her ne kadar kalbin sadece kanı pompalama görevini öne çıkarsa da belki 500 yıl sonra kalp ile ilgili şu an göremediğimiz çok ilginç bilgiler keşfedilecektir. Belki de o zamanki insanlar bizimle dalga geçeceklerdir, "Neymiş efendim, beyin bilinen evrenin en gizemli nesnesiymiş" diye.

Akıl ve kalbin bu ilginç serüvenine son noktayı koymadan son bir bilgi daha paylaşalım. Eminim ki okuyucular arasında, kafası kopmuş bir tavuğun nasıl koşabildiğine takılmış olan kişiler vardır. İşin detayına girmeden bu fizyolojik durumu da çok kısaca izah edelim. Beynin omurgamız ile birleştiği bölgede yani ensemiz hizasında "beyin sapı" adı verilen bir yapı vardır. Bu yapı omurgadan gelen sinir bağlantılarının beyne girdiği bir köprü gibidir. Bu bölgede birçok önemli refleks ve görevden sorumlu yapılar bulunmaktadır. Eğer siz tavuğun ya da başka bir canlının kafasını boynun epey bir üzerinden keserseniz beyin sapı zarar görmeyebilir. Beyin sapı zarar görmemiş canlılar, emin olun sizi oldukça şaşırtacak birçok hünere sahip varlıklar olarak karşınıza çıkacaktır.

Roma Dönemi ve Galen'in Sihirli İşaret Parmağı

Roma tıbbının en önemli karakterlerinden biri, Hipokrat'ın da görüşlerini benimseyen ünlü Galen'dir (MS 130-200). Bergama'da doğan Galen, tıp eğitimini Bergama, İzmir ve İskenderiye'de tamamlamıştı. Galen, gladyatörlerin doktoru olmasına ve bu nedenle de çok fazla beyin ve omurilik yaralanmalarına tanık olmasına rağmen beyin ile ilgili asıl fikirlerini daha erken bir dönemde, koyun beyni ile yaptığı çalışmalarda elde etmişti. Zira o dönemde insanlar öldükten sonra üzerlerinde inceleme yapma gibi bir şansınız yoktu. Bu nedenle Galen anatomik merakını hayvanlar üzerinde yaptığı çalışmalarla giderebilmişti. Galen, koyunun beynini incelemek amacıyla kafatasını açtığında çok aşikâr görülen iki parçayla karşılaşmıştı. Aşağıdaki resimde de görüldüğü üzere önde büyük bir parça varken arkada daha küçük bir parça yer almaktaydı.

Galen, birçok insanın daha önce hiç görmediği bir şey karşısında verdiği tepkiyi verdi. İşaret parmağını kullanarak hem beyni hem de beyinciği dürttü. Burada "Nereden biliyorsun hangi parmağı ile dürttüğünü, yanında mıydın" şeklinde düşünecek olan okuyucumuz ile şu bilgiyi paylaşalım: İşaret par-

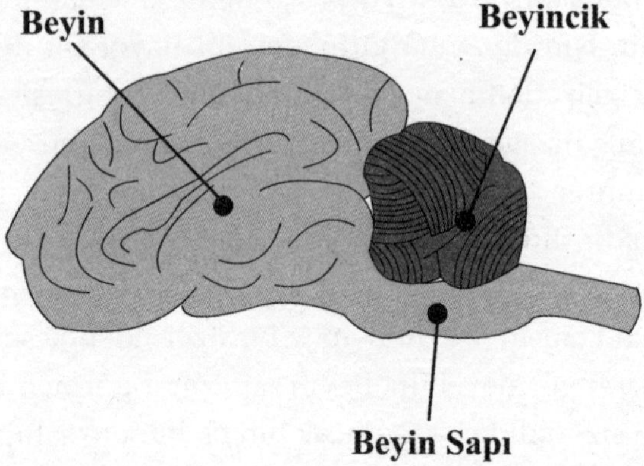

Koyun beyninin yandan görünüşü

mağının cisimleri tanıma konusunda üstlendiği rolü kitabın ilerleyen bölümlerinde yer alan "Öpeyim de Geçsin" başlıklı kısımda detaylıca açıklayacağız.

Tekrar Galen'e dönecek olursak yaptığı ilk gözlem sonucu, beynin oldukça yumuşak bir doku olduğunu, beyinciğin ise biraz daha sert bir yapıya sahip olduğunu görmüş oldu. Sırf bu basit gözlemden yola çıkarak yumuşak yapısından dolayı beynin duyularla ilgili olabileceğini öne sürmüştü. Ayrıca beyinciğin bir miktar daha sert olması nedeniyle daha çok kaslar ile ilgili olabileceğini düşünmüştü. Belki size çok komik bir açıklama gibi gelebilir ama Galen'in sadece bir dokunuşla yaptığı bu ilginç tespit şu anki bilgilerimizden çok da uzak değildir.

Sizin de tahmin edeceğiniz üzere Galen sadece kafayı açıp, beyne dokunup onu bir kenara bırakmadı. Beyinde çeşitli kesitler gerçekleştirerek beyni daha yakından incelemeye çalıştı. Bu kesitler sonunda beynin içinde bir oyuk olduğunu ve bu oyukta da sıvımsı bir maddenin bulunduğunu görmüştü. Aslında gördüğü sıvı bizim bugün beyin omurilik sıvısı (BOS) olarak bildiğimiz sıvıdan başkası değildi. BOS'un beyin için çeşitli görevleri olmasına rağmen en önemli özelliği beyni koruyucu özelliği olmakla beraber biz hikâyemize geri dönelim. Beyindeki bir oyukta bir miktar sıvı olduğunu gözlemlemek Galen'i oldukça heyecanlandırmıştı. Çünkü o dönem canlılığın dört temel sıvı ile oluştuğuna inanılıyordu. Bu sıvılar toprağa karşılık gelen siyah safra, ateşe karşılık gelen sarı safra, suya karşılık gelen balgam-mukus ve havaya karşılık gelen kandı. Demek ki beynin içinde de kalpte olduğu gibi bir sıvı bulunmaktaydı. Belki de beyin, kalbin yaptığı gibi içerisindeki sıvıyı diğer organlara göndermek şeklinde çalışıyordu. Bilmeyenler için belirtelim: Beyine birçok sinir lifi girmekte ve çıkmaktadır. Sinir lifleri dışarıdan bakıldığında oldukça ince damarlar şeklinde gözükmektedirler. Doğal olarak Galen, beyindeki sıvının sinir lifleri aracılığıyla, kanın damarlarda taşınmasına benzer şekilde beyinden ilgili bölgelere taşındığını düşünmüştü. Doğal olarak her şeyi yapan bu sıvı olmalıydı. Bu yüzden o dönem sinir liflerine, bu sıvıyı taşıyan kutsal tüpler olarak bakılmıştı.

Fransız Devrimi'nin Sinirbilime Olan Ürkütücü Katkısı

Milattan önce yaklaşık 7000 yılında başlayan beyni anlama öyküsü, Galen'in yaşadığı döneme kadar düşük bir hızda ilerlemişti. Galen'den sonra tekrar beyne olan ilginin artması ile sinirbilimindeki gelişmeler belirgin bir ivme kazanmıştı. Ama asıl hızlanma on sekizinci yüzyıldan itibaren başlayacaktı. Bu hızlanmanın en önemli nedenlerinden birini de çok ilginçtir ki yine sinirbilim ile hiç ilgisi olmayan bir tarihi olay oluşturacaktı.

Avrupa ve Batı dünyası 1789 yılında, tarihi köklü bir şekilde değiştirecek bir olay olan Fransız Devrimi'ni yaşamıştı. Bu devrim etkisinde değişen çok fazla unsur ve fikir olmasına rağmen bu kitapta değinilecek kısım, devrim sonucu hakkında idam cezası verilen binlerce kişi olacaktır. Sayıları oldukça fazla olan bu insanların nasıl idam edilmesi gerektiği de ayrı bir tartışma konusu olmuştu. O döneme kadar suçluların idam edilmelerinde asmak, yakmak, boynunu bir cellat aracılığıyla kesmek gibi çeşitli infaz yöntemleri uygulanmaktaydı.

Dönemin ünlü hekimlerinden olan Joseph Ignace Guillotin, bu infazların eski usul yöntemle yapılmasının insanlık dışı olacağını, bu nedenle de ölüm cezalarının en hızlı ve en acısız şekilde insancıl bir yolla yapılması gerektiğini savunmuştu. Günümüzde giyotin olarak bildiğimiz aletin, tarihin sayfalarına girişi de Guillotin'in bu önerisi ile olmuştur. Çok ilginçtir ki bu aleti Joseph Ignace Guillotin keşfetmemiş olmasına rağmen alete onun ismi verilmişti ve birçok kişi de hâlen kendisini giyotinin mucidi olarak bilmektedir. Giyotinin mucidinin kim olduğu ile ilgili çeşitli varsayımlar olsa da Fransız bir cerrah ve fizyolog olan Antoine Louis'in, kendi hayvan çalışmalarında buna benzer bir alet kullandığı bilinmektedir. Sonuçta Louis'in kullandığı alet bir miktar geliştirilerek infazlarda kullanılmaya başlanmıştı.

Fransız devrimi sonucunda giyotinin kullanıma sokulması, her ne kadar insanlık tarihi açısından oldukça vahşi bir olay olsa da sinirbilimcilere, incelenecek binlerce yeni kesilmiş kafa ve beyin olanağı temin etmişti. Bir takım kurallar nedeniyle insan vücudunu incelemenin oldukça sıkıntılı olduğu dönemlerde binlerce kafa ve beyin, bilim insanları açısından ironik bir fırsattı. Üstelik yeni ve düzgün kesilmiş bir kafada yeterince hızlı olabilirseniz birçok fizyolojik olayın canlı durumundakine yakın gözlemlerini yapabilirdiniz. O nedenle idamların yapıldığı yerlerde kesilen kafaları alıp hızlıca bilim insanlarına götüren kişiler türemişti. İnfazlar sonucu elde edilen beyinlerde yapılan incelemeler sayesinde beyin ile ilgili önemli anatomik çizimler ve sayısız keşifler gerçekleşmişti. Bu çizimler ve keşiflerin çoğu bugün hâlen kullandığımız çoğu bilginin temelini oluşturmasına rağmen incelenen beyinlerin büyük çoğunluğunun yine idam edilen erkeklere ait olduğunu unutmamak gerekir.

Bölüm 3

Paul Broca ve Fransız Kadınlar Meselesi

Parislilerde de olduğu gibi zeki birçok ırkta kadı
yin büyüklüğü bakımından iyi gelişmiş bir erkek be
gorillere daha yakındırlar.

Gustave Le Bon, 1879

Çok da uzak sayılamayacak olan 1879 yılında, bir bilim insanı tarafından böyle bir cümle kurulması size oldukça şaşırtıcı gelebilir. Ama o dönemin erkek egemen bilim camiasında, aslında bu ve benzeri fikirler oldukça popüler sayılırdı. Yukarıdaki cümlenin hangi şartlar altında yazıldığını bu bölümün sonunda öğrenecek olmakla beraber gelin hikâyemize kaldığımız yerden devam edelim. Fransız Devrimi'nin oldukça kanlı desteğiyle 1800'lü yıllarda insan beynine ait birçok anatomik keşif yapılmıştı. Bu keşifler sonucunda bilim insanlarının eline, beyni daha kapsamlı incelemek gibi harika bir fırsat geçmişti. Bu incelemeler sırasında birçok sorunun cevabı açıklığa kavuşurken insan beyninin neden bu kadar fazla kıvrımlı bir yapıda olduğu gizemini koruyan bir konu olmuştu.

Akıl Bilimi ile Başlayan Kafatasçılık Modası

Hemen hemen hepimiz, beynin kendisini ya da bir çizimini muhakkak görmüşüzdür. Oldukça tipik bir görüntüsü olmasına rağmen en dikkat çekici nokta, beynin sahip olduğu kıvrımlardır. Çok fazla sayıdaki girinti ve çıkıntının oluşturduğu bu kıvrımlar her zaman merak konusu olmuştur. Acaba beynin yüzeyinin bu derece kıvrımlı olmasının bir nedeni var mıydı? Belki de bu kıvrımları oluşturan girinti ve çıkıntılar beyinde farklı fonksiyonların oluşmasına neden oluyordu. Tarih 1809 yılını gösterdiğinde henüz bir tıp öğrencisi olan Avusturyalı Franz Joseph Gall da benzer sorular üzerine kafa yormaktaydı.

Gall'ı diğer bilim insanlarından ayıran ise bu soruya verecek bir cevabının olmasıydı. Gall'a göre beynin kıvrımları ve işlevleri arasında ciddi bir ilişki olmakla beraber, insan kafatasının şekli ile beyindeki kıvrımlar benzer özellikler göstermeliydi. Yani insan kafatasında da beyindeki kıvrımlara paralellik gösteren girintili ve çıkıntılı bölgeler olmalıydı. Özetle Gall'a göre bir kişinin kafasına dışarıdan bakarak beyninin sahip olduğu kıvrımlar hakkında yorum yapabilirdik. Ayrıca Gall, beynin belirgin şekilde daha fazla alan kaplayan bölgelerinin büyük olmalarının sebebi olarak, bu bölgeleri ilgilendiren niteliklerin daha fazla gelişmiş olmasından kaynaklandığına da inanıyordu. Bu durumda kişilerin beynini açıp inceleme şansı olmasa da kafataslarında çeşitli ölçümler yaparak beyinleri hakkında fikir sahibi olabilirdik. Tüm bu fikirler doğrultusunda Gall ve arkadaşları hiç üşenmeden yüzlerce insanın kafatasında çeşitli ölçümler yaparak beyin ile ilgili birçok yeni bölge tanımladılar. Bu bölgelerin günlük hayatta neleri temsil ettiğini ve nelere karşılık geldiğini de uzun uzun yazdılar. Tüm bu çalışmalar sonucunda insanların kafa şekli ve kişisel özellikleri arasında bağlantı kuran ve bunları yorumlayan yeni bir akım başlatmış oldular. Bu akıma da çok havalı bir isim düşünerek "frenoloji" yani "akıl bilimi" adını verdiler. Frenoloji uygulamaları ve ölçümleri sonucunda ortaya çeşitli ve bir o kadar ilginç beyin haritaları çıkmış oldu. Bu haritalardan örnek bir tanesini yandaki resimde görebilirsiniz. Gördüğünüz gibi her sayı farklı bir alanı temsil etmekteydi. Örneğin bu haritaya göre tam alın hizasında gözüken 30 numaralı alan matematik ve sayısal becerilerden sorumluydu. Diğer taraftan, kafanın arkasında yer alan 4 numaralı alan ise eve bağlılık ile ilgili bir bölgeydi. Yani ilgili alan ne kadar büyükse o kadar evine bağlı bir insan oluyordunuz. Ya da en azından frenologlar sizi öyle tanımlıyordu. Peki, bu bölgeler ile ilgili tanımlamalar ne kadar doğruydu? Aslına bakarsanız

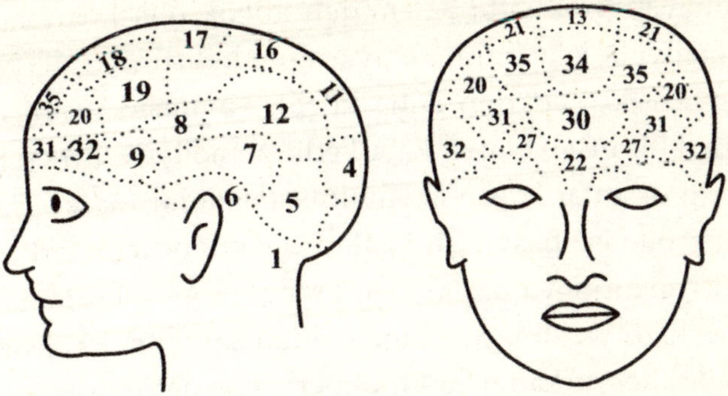

Frenolojiye göre oluşturulmuş beyin haritaları. Örnek birkaç merkez, 1-Aşk, 4-Eve bağlılık, 8-İştah, 16-Umut, 19-Hayırseverlik, 22-Taklit, 30-Matematik, 34-Ses-Müzik. W. Mattieu Williams'un *A Vindication of Phrenology 1894,* adlı eseri temel alınarak hazırlanmıştır.

frenoloji ile ilgili fikir ve uygulamalar genel bilim camiasında çok ciddiye alınmasa da kendi dönemi için inanılmaz bir popülariteye ulaşmıştı. Örneğin 1827 yılında frenoloji hakkında yazılan kitaplar yüz binin üzerinde satış yapmıştı. Hatta fikir, günlük hayata o kadar hızlı girmişti ki artık insanlar birbirlerini kafataslarına göre sınıflandırılmaya başlamıştı.

Günümüzde ırkçı bir terim olarak kullanılan "kafatasçılık" kavramının ortaya çıkışı da frenolojiye dayanmaktadır. Her ne kadar başlangıçta konuya bilimsel amaçlarla yaklaşılmış olsa da sonrasında yaşanılan gelişmeler ile durum kontrol edilemez bir hâle gelmişti. Örneğin İtalya'da bir hekim tarafından hazırlanan "Suçlu İnsan" adlı kitapta, sahip oldukları kafataslarına göre suçlu olma potansiyeli taşıyan insanlar ile ilgili birçok bilgi ve örnek resim paylaşılmıştı. Diğer taraftan Nazi Almanya'sında gördüğümüz ırkçılık kavramının temelleri de yine bahsettiğimiz dönemde atılmaya başlanmıştı. Çünkü cetvelle kafatası ölçümü, Almanlar arasında oldukça popüler hâle gelmişti. Örneğin 1910 yılında ünlü Alman frenolog MJ Bayerthal, çevresi 52-53 cm'den küçük kafatasına sahip birinin asla profesör cerrah olamayacağını hatta 52 cm'den küçük olanların ciddi düşünsel faaliyette bile bulunamayacağını belirtmişti. Bayerthal'e göre çevresi 50,5 cm'den daha küçük kafatasına sahip kişiler ise normal bir insan olarak kabul edilmemeliydi. Bu ve benzeri görüşlerin insanlar arasında yayılması o kadar hızlı olmuştu ki işverenler bile işe başvuran kişileri değerlendirmeleri için frenologlar çalıştırmaya başlamıştı. Frenoloji ve uygulamalarının bu kadar hızlı yayılması ve amacından sapması karşısında bilim camiası her ne kadar sert tepkiler verse de frenolojinin yükselişinin önüne geçememişti.

Frenoloji akımının ortaya çıkışıyla beraber her yerde frenologların karşımıza çıkması ve kafatası ölçümleri ile başlayan önü alınamayan ırkçı bir sürecin hayatımıza girmesi başlıkları bile birkaç kitaba konu olabilecek malzeme içermektedir. Fakat bu konunun kadın ve erkek beyinleri arasındaki farkları anlatmayı amaçlayan bir kitapta yer almasının asıl nedenini ise döneminde frenolojiye oldukça merak duyan bir kişi oluşturuyordu.

Tan'ın Beklenmedik ve Bir O kadar Gizemli Ölümü

Paris Tıp Fakültesi'nde profesör olan Paul Broca, inanılmaz kariyere sahip bir bilim insanıydı. 20 yaşında tıp fakültesinden mezun olan Broca, aynı zamanda matematik ve fizik gibi farklı disiplinler üzerine de eğitim almıştı. Anlayacağınız tam anlamıyla çok yönlü bir bilim insanıydı. Peki, benzer özelliklere sahip birçok bilim insanı varken biz niye Broca ile ilgileniyoruz? Çünkü birazdan da anlatacağımız üzere, kendisi kadın ve erkek beyinlerinin farklı olabileceği konusunda ilk araştırma yapan bilim insanlarından biridir. Ama sinirbilim camiasında daha çok beyinde keşfetmiş olduğu konuşma bölgesi ile tanınır. Broca'nın bu keşif süreci, aslında hem ilginç hem de oldukça fazla tesadüflerle dolu enteresan bir öyküdür.

Paul Broca yaşadığı dönemin popüler fikirlerinden frenolojinin etkisi altında antropolojiye oldukça merak salan bir kişiydi. Broca'nın insanların kafatası ve kemik uzunluklarıyla ilgilenmesi polisin bile dikkatini çekmişti. Her ne kadar yaptığı antropolojik ölçümler kendisinin şüpheli bir şahıs olarak görülmesine neden olsa da en önemli keşfini yine frenoloji sayesinde yapmıştı. Ernest Aubertin adlı bir frenoloji uzmanının vermiş olduğu konferanslardan birinde seyirciler arasında Paul Broca da yer almaktaydı. Aubertin, beynin birçok bölgesi ile ilgili yorum yaparken hitap yeteneğinin de beynin ön kısmındaki bir alanda olduğunu iddia ediyordu. Bu bilgi salon içerisinde belki de en çok Broca'nın ilgisini çekmişti. Çünkü Broca'nın çalıştığı hastanede otuz yıldır felçli olan bir hasta yatmaktaydı. Bu hasta kendisine sorulan her soruya sadece "tan tan" diyerek cevap verebildiğinden kendisine "Tan" takma adı verilmişti. Eğer Aubertin haklıysa Tan'ın beyninde, bahsedilen alanda bir sorun olması gerekiyordu. Çünkü Tan'ın hitap etme yeteneği yoktu. Doğal olarak bu kişinin beynini incelemek oldukça önemli bir fırsat olabilirdi.

Tan'ı daha yakından değerlendirmek isteyen Paul Broca, hastanın kendi bölümüne transfer edilmesini istedi. Bu transferin ardından, tesadüfe bakın ki kısa bir süre sonra gerçek adı Leborgne olan Tan'ın öldüğünü görüyoruz. Fırsatı kaçırmayıp bu kişinin ölümünün ardından beynini inceleyen Broca, beynin ön lobunun sol kısmında bir doku bozukluğu olduğunu fark etti. Muhtemelen Tan, sırf bu bölgede bulunan doku bozukluğu yüzünden konuşamıyordu. Broca bu önemli keşif sonrasında doku bozukluğu olan bu bölgenin konuşma ile ilgili bir merkez olabileceğini öne sürdü. Daha sonra konuşma bozukluğu olan kişilerde yapılan araştırmalarda benzer bölge hasarlarının gösterilmesi ile Broca'nın fikri doğrulanmış oldu. İşte bu keşfinden dolayı beyindeki konuşma merkezi "Broca alanı" olarak isimlendirilmişti. Merak edenler için söyleyelim, Broca'nın bu çok önemli keşfi gerçekleştirdiği Tan'ın beyni hâlen Paris'teki Dupuytren Müzesi'nde bir kavanoz içinde sergilenmektedir.

Gustave Le Bon ve Bir Goril Arasında Kalan Parisli Kadın

Paul Broca'nın ilginç hayat hikâyesinde bizi en çok ilgilendiren kısım ise kadın ve erkek beynine dair yaptığı saptamalar olmuştu. Yukarıda da bahsettiğimiz gibi Broca, frenolojinin de etkisiyle yaptığı antropometrik ölçümler sonucunda kişileri; kafatası ölçüleri, ırk ve zekâsına göre gruplara ayırıyordu. Çalıştığı hastanede 292 erkek ve 140 kadında yaptığı ünlü otopsi araştırmalarında, kadın ve erkek beyinleri üzerinde birçok ölçüm yapmıştı. Bu ölçümler sonucunda elde ettiği bilgilerden en fazla elle tutulur olanı, kadınların beyninin erkeklerin beyninden daha küçük ve hafif olduğuydu. Sonuçlarını bilim camiası ile paylaşan Broca, "kadınların, erkeklerden daha küçük bir beyne sahip olmalarından dolayı asla erkeklerle aynı zekâ seviyesinde olamayacakları" yorumunu yapmıştı. Kadın ve erkek beynine ait ilk keşfin bu denli yanlış yorumlanması büyük bir şanssızlık olmasına rağmen Broca'nın bu görüşü erkek egemen bilim camiasında inanılmaz bir hızla popüler olmuştu.

On dokuzuncu yüzyılın bu ilginç döneminde, bilim camiasında sansasyon yaratan bir diğer akım da Darwin'in öne sürdüğü evrimsel fikirlerdi. 1859 yılında yayımladığı "Türlerin Kökeni" adlı kitabın etkisiyle bilim camiasında farklı bir bakış açısı oluşmuştu. Broca'nın öğrencilerinden olan ve aynı zamanda kadınlardan çok da hoşlanmadığını düşündüğümüz Gustave Le Bon, 1879 yılında kadın ve erkeklerde yaptıkları çalışmadan elde ettiği bazı verileri yayımladı. Kendisini dönemin fikirlerine oldukça kaptıran Le Bon, bu verileri de kullanarak oldukça acımasız bir yorumda bulundu. Le Bon'a göre ortalama sayılabilecek Parisli bir kadın, beyin büyüklüğü bakımından erkeklerden daha çok gorillere yakın olmalıydı. Çünkü kadınlar beyin büyüklüğü açısından gelişmiş bir erkek beyniyle asla kıyaslanamazdı. Günümüze geldiğimizde Broca ve Le Bon'un beyin büyüklüğü farkı ile ilgili tespitlerinin aslında ne kadar yanlış yorumlanmış olduğunu öğrenmiş olsak da her iki cinsiyetin beyinleri arasındaki farka yönelik ilk keşfin, kadınlar aleyhine kullanılması da bir o kadar acı verici olmuştur. Burada unutulmaması gereken meselelerden biri de bahsettiğimiz dönemde, sanat ve edebiyat gibi diğer birçok alanda da erkek egemenliği söz konusuydu.

Ben Konuşamıyorum, O Konuşabiliyor ve Bu Nasıl Oluyor?

1900'lü yılların başından itibaren, sinirbilim alanında günümüzde kullandığımız bilgilerin çoğu ile ilgili önemli keşifler gerçekleşmişti artık. Tüm bu keşiflere rağmen erkek ve kadınların beyinlerinin farklı yapıda olabileceği konusuna çok da kafa yoran olmamıştı. Aslında elle tutulur ilk veriler 1964 yılında, Amerikalı Psikolog Herbert Landsell'in bazı vakalardan elde ettiği ilginç bilgiler sonucu ortaya çıkmıştı. Landsell, beyinde oluşan benzer hasarlardan kadın ve erkeklerin farklı biçimde etkilendiklerini göstermişti. Örneğin elindeki hasta dosyalarını geçmişe doğru incelerken çok ilginç iki dosya ile karşılaşmıştı. Bu iki dosyanın ilginçliği vakaların birbirine çok benzemesinden kaynaklanıyordu. Biri erkek, diğeri kadın olan her iki vakada da kişiler, kafalarının aynı bölgesine benzer şiddette darbe almışlardı. Yani başlarına gelen kaza tıpatıp aynıyken kaza sonrası hastaların durumları farklılık gösteriyordu. Bu kaza sonucu erkek konuşma yeteneğini tümüyle yitirirken kadında hiçbir konuşma kaybı yoktu ve oldukça akıcı bir şekilde konuşabiliyordu. Demek ki erkek ve kadınların ilgili beyin bölgeleri arasında bir fark olmalıydı. Yoksa ya her ikisi de konuşma yeteneğini yitirecekti ya da her ikisi de bu durumdan etkilenmeyecekti.

Aslında yıllar Landsell'in ne kadar da doğru bir tespit yaptığını ortaya koyacaktı. Landsell'den bu yana, özellikle 1990'lı yıllardan itibaren kadın ve erkek beyniyle ilgili birçok ilginç farklılık bilim dünyası ile paylaşılmış olmasına rağmen günümüzde hâlen liselerden üniversitelere kadar her yerde biyoloji ve sağlık ile ilgili alanlarda tek bir beyin türü anlatılmaktadır. O da kısaca hikâyesini özetlemeye çalıştığımız erkek beynidir. Bu durumda kadın beynini erkek beyninden ayıran özelliklerin neler olduğunu cevaplamaya başlayalım artık.

Bölüm 4

Kabullenmelerimiz

Bardağın yarısı boş mu, dolu mu önemli değil.
Asıl mesele bardakta ne var sen bana onu söyle.

Dışarıdan baktığınızda kadın ve erkek arasında birçok anatomik ve fizyolojik fark olduğunu görürsünüz. Aslında her iki cinsiyetteki dış görünüşe bağlı bu farklılıklar "seksüel dimorfizm" olarak ifade edilmektedir. Dimorfizm kelimesi Yunanca bir kelime olup "iki formlu" anlamına gelmektedir. Beynimizde de bu anlamda bir dimorfizm söz konusudur ve bu durum gerek beynin yapısında gerekse de davranışsal birçok alanda farklılıklar olarak karşımıza çıkmaktadır. İlk bakışta bu farklılıkların çoğu üreme davranışlarında ortaya çıksa da hafıza, konuşma, işitme, öğrenme gibi birçok bilişsel fonksiyonun yerine getirilmesinde de çeşitli davranışsal farklılıklar önemli rol oynamaktadır. Bu farklılıklar, doğadaki diğer canlılarda da gözlenmekte olup türler arasında çeşitlilik gösterebilmektedir. Yani söz konusu durum sadece biz insanlara özgü değildir.

Bugüne kadar kadın ve erkek arasındaki farklılıkların yarattığı toplumsal sonuçlar üzerine yazılmış olan sayısız yazı, kitap, şarkı ve film bulunmaktadır. O nedenle bu kitapta, aramızdaki farkların yarattığı sonuçları yorumlamaktan ziyade bu farkların altında yatan sinirbilimsel nedenlerini incelemeyi amaçladım. "Neden yapıyoruz" sorusunun hayattaki en anlamlı sorulardan biri olduğunu düşünen bir kişi olarak sevgili okuyucu ile şunu paylaşmak isterim. Kitabın her bölümünde günlük hayatımızda yaşadığımız birçok tartışmanın nedenlerini uzun uzun ele alacağız. Ama bu bölüme geçmeden önce bazı kabullenmeler yapmak, kitabın kalan kısmını okumakta ve konuları daha iyi anlamakta oldukça işimize yarayacaktır. Peki, nedir bu en baştan kabulleneceğimiz maddeler?

Kabullenme 1: Son 10 yılda yapılan çalışmalar çok net ortaya koymaktadır ki beynimizin kendine ait bir cinsiyeti vardır. Bu kısım bizim en temel kabullenmemiz olacaktır. Artık bu fikre kendinizi iyice alıştırın.

Kabullenme 2: Kabullenmelerimiz arasında en çok sevdiğim kabullenme bu aslında. Çünkü beynimizin sahip olduğu cinsiyet, biyolojik cinsiyetimizden bağımsızdır. Yani genel anlamda erkeklerin çoğu erkek beynine, kadınların çoğu dişi beynine sahip olmakla beraber bunun tam tersi de söz konusu olmaktadır. Örneğin şu an okumakta olduğunuz bu kitabın yazarı dişi beyinli bir erkektir. Sonuç olarak böyle bir durumda, aşağıdaki resimde de gösterildiği üzere dört grup insan modeli karşımıza çıkmaktadır. *"Erkek beyinli erkekler"*, *"dişi beyinli erkekler"*, *"erkek beyinli kadınlar"* ve *"dişi beyinli kadınlar"*. Yani durumumuzu özetlemeye çalışırsak söz konusu beynimiz ve davranışlarımız olduğunda karşımıza dört adet farklı cinsiyet modeline sahip insan çıkmaktadır.

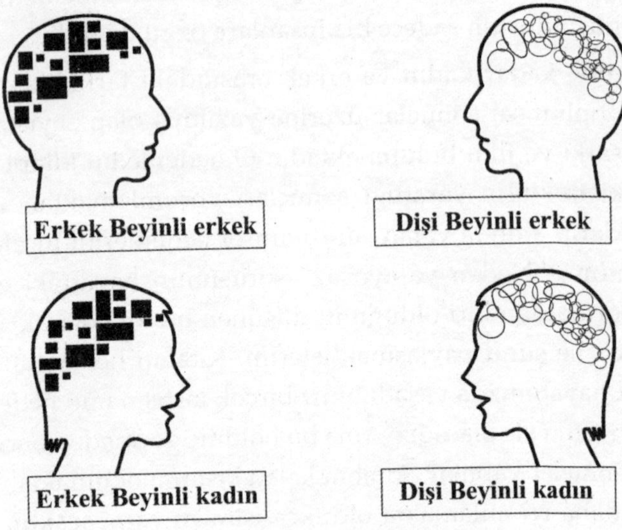

Beynin dört hâli

Kabullenme 3: Bu kabullenme ise olayın baştan yanlış anlaşılmasını önlemek adına en önemli kabullenmemiz olacaktır. Çünkü beynin cinsiyeti kapsamında ele alacağımız bulgular tümüyle öğrenme, hafıza, empati gibi bilişsel işlevlerin farklılığı ile ilgili olacaktır. Yani burada bahsedilecek olan konu başlıklarının farklı cinsel tercih ve yönelimler meselesi ile herhangi bir ilgisi bulunmamaktadır. Burasını özellikle vurgulamak istiyorum. Çünkü eş cinsellik kapsamında yer alan tüm davranış modellerinin nedenleri, beynimizde oldukça farklı temellere dayandığından bu kitapta söz konusu meseleye değinilmemiştir. Zira başka bir kitaba çok rahat konu olabilecek kadar, hakkında oldukça fazla sayıda bilimsel çalışma yapılan bu durumu, okumakta olduğunuz kitabın içerisine kısaca yerleştirmek, gerek bu konuyu araştıranlara gerekse de bu durumu yaşayanlara büyük bir haksızlık olurdu.

Kabullenme 4: Bu kabullenme ise kitabı okurken işimizi kolaylaştırması amacıyla yazılmıştır. Kitabın tümünde akıcılığı bozmamak adına beyin cinsiyetleri arasındaki farklar anlatılırken, genel anlamda dişi beyin özellikleri anlatılırken kadın kelimesi, erkek beyin özellikleri anlatılırken erkek kelimesi kullanılmıştır. Yani "Erkekler şu konuda çok yeteneklidir" dediğimde kastettiğim erkek beyinliler olacaktır. Doğal olarak erkek beyinli kadınlar da bu gruba dâhil olurken dişi beyinli erkekler bu kapsamın dışında kalacaktır.

Kabullenme 5: Sürpriz. Kitabın sonuna geldiğinizde siz de beyin cinsiyetinizi öğrenebileceksiniz.

Eğer kabullenmelerimiz konusunda bir sıkıntımız yoksa başlayabiliriz artık. Beyin cinsiyetleri arasındaki farkları daha iyi anlayabilmek için bu farklılığın neden ve ne zaman başladığını incelemek, konuya girmek için iyi bir nokta olabilir.

Anne Karnındayken Başımıza Gelenler

Eğer başlangıç noktasına gidecek olursak erkekten gelen spermin kadındaki yumurta hücresi ile birleşmesi sonucu "zigot" dediğimiz bir yapının meydana geldiğini görürüz. Zigot ismi, daha önce hiç duymayanlar için *Game of Thrones*'dan bir karakter adı gibi dursa da aslında mucizevi bir hücredir. Hem babadan hem de anneden gelen genetik materyali taşıyan ve neredeyse toplu iğne başı kadar büyüklükte olan bu hücre, sürekli kendi içinde bölünerek ve çeşitli değişimler yaşayarak sonunda insan dediğimiz kompleks canlıyı meydana getirmektedir. Zigot oluşumundan sadece 14 gün sonra yani sizin doğmanıza daha yaklaşık 9 ay varken merkezi sinir sisteminin temelini oluşturacak olan "nöral plak" adlı kısım, bu top benzeri yapının üzerinde oluşmaya başlamıştır bile. Sevgili okuyucu, aslında insanın anne karnında yaşadığı bu mucizevi serüven müthiş bir öyküdür ve bu konuda anlatılacak çok fazla inanılmaz bilgi vardır. Örneğin Cowan adlı bir araştırmacının yaptığı çalışmaya göre anne karnındaki fetüste, dakikada 250.000 sinir hücresi üretilmektedir. Derin bir sessizlik içerisinde bu rakamı tekrar düşünelim. Saniyede yaklaşık 4160 adet sinir hücresi!

İnsanın anne karnında yaşadığı inanılmaz öykünün gizemine kapılmadan tekrar konumuza dönelim. Beyin böylesine müthiş bir hızla oluşurken her türlü faktör bu gelişime etki edebilmektedir. Ama bu noktada kadınlar ve erkeklerin birbirlerinden farklı bir beyin yapısına sahip olmasındaki en önemli etkenin, anne karnında iken maruz kaldıkları cinsiyet hormonları olduğu gösterilmiştir. Özellikle testosteron ve östrojen, cinsiyet hormonları arasında en fazla öne çıkan hormonlardır. Bu hormonlar erkek ve kadınlarda farklı miktarlarda bulundukları için cinsiyet hormonları olarak adlandırılırlar. Örneğin testosteron erkekte, östrojen ise kadında daha fazla bulunmaktadır. Bu nedenle genellikle testosteron erkeklik hormonu, östrojen ise kadınlık hormonu olarak bilinir. Cinsiyet hormonları, özellikle hamilelik döneminde beynin gelişimini etkileyip cinsiyete özgü bir beyin yapısının oluşmasına neden olmaktadırlar. Bu gelişim sırasında çeşitli hormonların birtakım etkileri olmasına rağmen asıl etki gösteren hormon testosterondur.

Hamilelik sırasında bebeğin maruz kaldığı testosteron hormonu, beynin cinsiyetini belirlemede çok önemli bir rol oynamaktadır. Eğer bebeğin biyolojik cinsiyeti erkekse testosteronun büyük bir kısmı erkek bebeğin testislerinde üretilip kan dolaşımı aracılığıyla etkisini göstermektedir. Bebeğin kız olması durumunda ise annenin ve bebeğin böbrek üstü bezleri ve yağ dokusundan kaynaklanan az miktarda testosteron da duruma göre etkili olabilmektedir. Hamilelik döneminde yaşanılan beslenme farklılıkları, mevsimsel-iklimsel etkiler ve stres gibi çeşitli faktörler, testosteronun az ya da çok salgılanmasına neden olacağından bebeğin beyin cinsiyeti üzerinde etkili olacaktır.

Peki, testosteron hormonu, gelişen beyin üzerinde nasıl bir etki göstermektedir? Aşağıdaki resimde gördüğünüz üzere beyin birbirine oldukça benzeyen sağ ve sol yarıküre olmak üzere iki kısımdan oluşur.

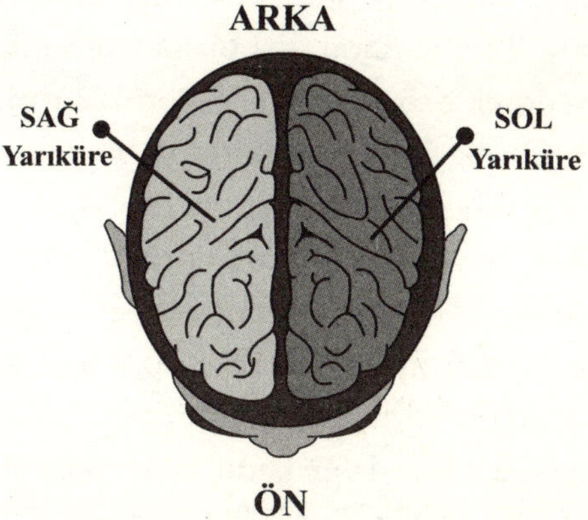

Beynin üstten görünüşü ve sağ-sol yarıküreler

Beynimizde bulunan birçok merkez her iki yarıkürede de bulunmakta olup bu yarıküreler ortada yer alan bir hat boyunca (*korpus kallosum*) birbirlerine bağlıdırlar. Bu ara bağlantı sayesinde her iki yarıküre arasında oldukça sağlam bir ilişki bulunmaktadır.

Beyne Dokunmazsan Dişi Olur

Hamilelik döneminde bebeğin maruz kaldığı testosteron hormonu beynin sol yarıküresinin gelişimini geciktirmektedir. Sol yarıküre, gelişiminin gecikmesi nedeniyle daha fazla dış etkene maruz kalmaktadır. Sonuçta tipik bir erkek beyninde sol yarıküre, sağ yarıküreye göre farklı bir gelişim göstermektedir. Diğer taraftan kadın beyninin gelişimi sırasında dişilik hormonu olarak bilinen östrojenin, yarıküreler üzerinde bu tarz belirleyici bir etkisi görülmemektedir. Ortamda testosteronun az olması nedeniyle sağ ve sol yarıkürelerin benzer koşullarda ve benzer şekilde gelişmesi söz konusudur. Burada şunu belirtmekte fayda var. Sonuçta biyolojik cinsiyetiniz ne olursa olsun, anne karnında belirgin bir miktarda testosterona maruz kalmadığınız sürece dişi beyinli olacaksınız. Aslında anne karnındayken fetüsün vücudundaki biyolojik cinsiyetin farklılaşması yaklaşık sekizinci hafta civarında başlamaktadır. Yani her bebek anne karnındaki ilk 8 haftada dişi bir beyne sahiptir. Sekizinci haftadan sonra erkek bebeklerde testislerin oluşması ile birlikte testosteron üretimi başlar ve bu hormon beyin üzerinde yukarıda bahsedilen etkileri gerçekleştirir. Doğal olarak bu etkiler sonucunda erkek beyni dediğimiz, normal rotasından sapmış ve sürpriz dolu bir yolculuğa çıkmış bir beyin yapısı oluşmaktadır. Üstelik anne karnında ne kadar fazla testosterona maruz kalırsanız bu yolculuğunuz o kadar sürpriz dolu olacaktır. Bu nedenle ister erkek olun, ister kadın olun fark etmez. Önemli olan ne kadar testosterona maruz kaldığınızdır.

Bu kısımda okuyucuya şunun müjdesini vermekte fayda var. Kitabın ilerleyen kısımlarında anne karnında ne kadar testosterona maruz kaldığınızı ölçme yönteminizi anlatacağız. Korkmayın, bunun için size herhangi bir biyokimyasal test yaptırmayacağız. Biraz dikkat ve özen göstererek oturduğunuz yerden beyin cinsiyetinizi belirlemiş olacaksınız. Ama o bölüme gelmeden önce şu farklılıkları tek tek ele alalım.

Her iki cinsiyetin beyin yapıları arasında birçok anatomik, fizyolojik ve nörokimyasal farklılıklar bulunmaktadır. Aslında yüzyıllardır kadınlar ve erkekler arasında süregelen birçok anlaşmazlık ve tartışmanın nedenleri altında da bu farklılıklar yatmaktadır. Durum böyle olunca her iki cinsiyetin birbirlerini, kendi bakış açısı üzerinden değerlendirmeye ve yargılamaya çalışması kaçınılmaz olmuştur. Eğer birbirimizi yeterince iyi tanıyabilirsek aslında ortada herhangi bir problem olmadığını göreceksiniz. O nedenle kitabın bundan sonraki kısmında günlük yaşantımızda karşılaştığımız sorunları tek tek ele alıp bunların altında yatan sinirbilimsel temelleri tartışacağız. Daha sonra da küçük ve uygulanabilir yöntemlerle, bu sorunların üstesinden nasıl gelebileceğimizi göreceğiz.

Gelin ilk olarak en basit sorudan başlayalım. İlişkide seçici kimdir? Bir ilişkiyi kadın mı başlatır yoksa erkek mi? Daha da önemlisi bu konunun beyinle ne alakası var?

Bölüm 5

İlişkide Seçici Olan Kimdir?

Bir ilişkiyi kadın başlatır, kadın bitirir. Ama başlatan ve bitiren her zaman aynı kadın olmayabilir.
Gabriel Garcia Marquez

Oğlan hızla yemeğini yerken "Kahretsin, keşke bir yerine bir buçuk porsiyon isteseydim" diye düşünüyordu. Sırf zayıflama çabaları yüzünden bir porsiyon istemişti. Ama olan olmuştu işte. Sonlara doğru ne kadar yavaşlasa da en çok sevdiği yemek hızla gözlerinin önünde eriyip gitmişti. Muhtemelen şu an midesinde hiç bilmediği moleküllere dönüşüyordu o güzelim lokmalar. Genç kız ise tabağına doğru düzgün dokunmamıştı bile. Sadece belirli aralıklarla pipetinin ucunu ısırarak kolasını yudumluyordu. Oğlan kızın bu davranışına alışmıştı artık. Ne zaman bir şeye kızsa pipeti öyle bir ısırırdı ki içmek için çektiğinde kola bile geçemezdi o aralıktan. Her ne kadar kızın yüzüne bakmaktan çekinse de pipeti ısırmasını her hücresiyle hissediyordu. Aslında kızın delirmesine neden olacak somut hiçbir şey yoktu ortada. Birkaç yıldır güzel bir birliktelik yaşıyorlardı. Ama son bir aydır kızda ciddi bir isyan başlamıştı. Genç kız, oğlanın kendisi ile eskisi gibi ilgilenmediğini anlatıp duruyordu. Neymiş efendim "Genç kıza artık hiç sürpriz yapmıyormuş oysa ilk günler öyle miymiş? Sürekli kızın peşinde dolaşıp yanından hiç ayrılmak istemezmiş, kızın aklını çelmek için ne numaralar yaparmış…" gibi ardı ardına gelen bin tane şikâyet cümlesi oğlanın gözleri önünde arsızca dans ediyordu. Ama oğlanın kafasında tüm bu şikâyetlerden daha önemli bir konu vardı ve hızla açıklığa kavuşması gerekiyordu. "Acaba genç kızın dokunmadığı tabağındaki yemeği istesem çok ileri gitmiş olur muyum" düşüncesi çoktan genç adamın beyninin merkezine oturmuştu. Muhtemelen tabakta gördükleri midesine ulaşmadan pek de kalkacağa benzemiyordu… (Devam edecek)

Türk Kızı Meselesi

Kadınlar ve erkekler arasında ilişkiyi kimin belirlediği gerçekten ilginç bir tartışma konusudur. Kızlar mı erkeklerin peşinden koşar yoksa erkekler mi kızların peşinden? Aslına bakarsan sevgili okuyucu, insanlar birbirleriyle mutlu olduktan sonra başlangıçta kim kimin peşinden koştu meselesinin pek önemi yok. Ama illaki bir tespit yapılacaksa hem kadın hem de erkeklerin çoğu bir ilişkide kadının seçici olduğu konusunda genellikle hemfikirdir. Ama az da olsa hâlâ inatla buna karşı çıkan belirli bir erkek kesim bulunmaktadır. Yazının okumakta olduğunuz bu kısmı, büyük çoğunlukla bu arkadaşlar için yazılmıştır. Hatta bu arkadaşlar bu konuda o kadar inatçıdırlar ki "Türk kızı" diye bir kavramı hayatımıza sokmuşlardır. Nedir Türk kızı? Kendilerinin tanımına göre "Her zaman burnu havada olan, kasıntı, asla etrafına bakmayan ve yüz vermeyen bir karakterdir" Türk kızı. Bir ilişki ihtimalinde asla ve asla ilk adımı atmaz. Hatta kendisiyle ilgili atasözleri bile uydurulmuştur; "Türk kızını Ay'a gönder, ilk adımı Ay'dan bekler." O derece yani. Aslında konuyla ilgili birçok yaratıcı tespiti sosyal medya ve sözlüklerde çok rahat bulabilirsiniz. Ama biz asıl sorumuza geri dönelim. Gerçekten de böyle midir? Ya da sorumuzu şöyle düzeltelim. Bu belirtilen durumlar sadece Türk kızı için mi geçerlidir?

Aslına bakarsanız kültürel etkilerin beyin üzerinde önemli etkileri olabilir. Çünkü insan beyni olabildiğince karmaşık ve dinamik bir yapıya sahiptir. Öğrendiği her bilgiyi yorumlayarak kendi yapısını sürekli değiştirmek gibi oldukça gelişmiş bir özelliği bulunmaktadır. Bu bilgi kapsamında sorumuza tekrar dönecek olursak sanırım bize en iyi cevabı doğanın ta kendisi verecektir. Çünkü şu an sahip olduğumuz bilgiler doğrultusunda, hayvanlar âlemi üzerinde bildiğimiz bir kültürel etkiden söz edemeyiz. Bu nedenle sorumuzun cevabını doğadaki dişi ve erkek canlılar yanıtlayabilir. O zaman gelin hep beraber bu soruyu onlara soralım. Acaba ilişkide seçici kimdir?

Dans Eden Erkek Sinekler ve Bir Garip Alkol Hikâyesi

Eğer insan merkezli bir bakış açısından kurtulup doğaya ve başka canlıların yaşamlarına şöyle bir göz atabilirseniz karşınıza çıkan örüntü karşısında hayretlere düşebilirsiniz. Örneğin sirke sineği ile bu garip yolculuğa başlayabiliriz. Meyve sineği (drosofila) olarak da bilinen bu canlı, sadece 1-3 milimetre büyüklüğündedir ve genetik camiasında oldukça haklı bir üne sahiptir. Zira çok hızlı çoğalabildiğinden ve genetik yapısı oldukça kolay incelenebildiğinden birçok bilimsel araştırmada kullanılmış olup hakkında yüzlerce makale bulunmaktadır. Yani özetle sirke sinekleri hakkında bildiklerimizin, konudan haberdar olmayan bir kişiyi hayrete düşürmeye yetecek kadar fazla olduğunu çok rahat söyleyebiliriz. Peki, bu sinekler bizi niye ilgilendirmektedir? Şöyle açıklayalım: Erkek ve dişi sirke sineklerin kendileri her ne kadar 1-3 mm gibi küçücük bir boyutta da olsa bu canlıların da bir beyni var. Üstelik erkek ve dişi beyni arasındaki farklılıklar bu sinekte bile görülmektedir. Sineklerin beynindeki farklılığın ne olduğunu paylaşmadan önce gelin bu farklılık sineklerin davranışlarında nasıl bir değişiklik yapıyor ona bakalım. Sirke sineklerinin yaşam alanına daha yakından göz atarsanız erkek sineklerde çok ilginç bir davranış modeli bulunduğunu görürsünüz. Erkek sinekler, çiftleşme öncesi gözüne kestirdiği dişi sineğin yanına gider ve dişinin ilgisini çekebilmek için etrafında dans etmeye başlar. Aslına bakarsanız bu durumun, söz konusu insan olduğunda gittiği barda kız tavlamaya çalışan bir erkeğin davranış modelinden çok da farklı olmadığını görürsünüz. Bize dans gibi görünen bu kompleks hareketleri sırasında erkek sirke sineği, aslında kanatlarının farklı titreşimleri ile bir aşk şarkısı üretmektedir. Çünkü ürettiği şarkı ne kadar karmaşık olursa çiftleşme şansı o kadar yüksek olacaktır. Bu sırada dişi sirke sineğinin hiçbir şey yapmadığını özellikle belirtelim. Kendisi sadece en kompleks ve ilginç dans eden erkeği seçecektir. Yani gördüğünüz üzere söz konusu sirke sinekleri olduğunda seçici olan dişidir. Peki, neden böyledir? Aslında bunun nedeni erkek sirke sineği ve dişi sirke sineğinin beyinleri arasındaki çok ilginç bir farklılığa dayanmaktadır.

Dünyanın en prestijli bilimsel dergilerinden biri olan *Nature* dergisinde, 2010 yılında çok ilginç bir makale yayımlandı. Bu makalede, sirke sineklerinin beyninde yapılan görüntüleme çalışmalarında, bazı merkez ve yolakların cinsiyetler arasında farklılık gösterdiği ortaya konmuştu. Özellikle erkek sirke sineklerinin beyninde özel bir grup sinir hücresi (Fru^M nöron grubu) bulunmaktaydı. Çok ilginç bir şekilde bu spesifik hücre grubunun, dişilerin beyninde olmadığı ortaya çıkmıştı. Peki, ne işe yarıyordu sadece erkek sineklerde olan bu bölge? Aslına bakarsanız sevgili okuyucu, erkeğin beynindeki bu bölgeden çıkan uyarıların doğrudan sineğin kanatlarına ve bacaklarına gittiğini görüyoruz. Yani bu hücre grubu sayesinde erkekler dans etme konusunda çok başarılı oluyorlardı. Diğer taraftan dişiler, beyinlerinde böyle bir merkeze sahip olmadıkları için isteseler de dans edemiyorlardı. Bu arada yapılan farklı çalışmalar sonucunda, dişilerin beyninde olup erkeklerin beyninde olmayan çeşitli hücre gruplarının da var olduğunu belirtelim.

Okuyucularımızdan bazıları, insan gibi kompleks bir canlının davranışları ile bu basit sirke sineklerinin davranışlarını benzer bakış açısıyla değerlendirmemi yadırgamış olabilirler. O nedenle şunu belirteyim. Aslında insan da dâhil olmak üzere, doğada birçok canlının davranış modelinin oldukça benzer olduğunu vurgulamakta fayda var. Hatta yazının ilerleyen kısımlarında, doğadaki diğer canlıların bu konudaki benzer davranışlarını incelemeye devam edeceğiz. Ama sirke sineğine bu kadar değinmişken çok ilginç bir bilgiye daha değinmeden geçmeyelim. Bahsedeceğim bu bilgi hayatınızda ne işe yarayacak bilmiyorum ama erkek sirke sineği eğer çiftleşmek istediği dişi tarafından reddedilirse kendisini alkole vermektedir sevgili okuyucu. Bilimin sınırlarını zorlayan bir yorum yaptığımı düşünmeyin sakın, zira *Nature* kadar prestijli bir dergi olan *Science* dergisinde 2012 yılında yayımlanmış harika bir makale var bu konuda. Peki, ne anlatılıyor bu makalede? Kısaca deneyden bahsedecek olursak sirke sineğinin beyninde nöropeptid-F (NPF) denilen bir kimyasal madde bulunmaktadır ve bu madde hayvanların mutluluk durumunu anlamamıza yardımcı olmaktadır. Yani bu maddenin miktarı sineğin beyninde ne kadar çoksa hayvan o kadar mutlu, ne kadar az ise hayvan o kadar mutsuz kabul edilmektedir.

Deney ekibi ellerindeki erkek sirke sineklerini rastgele iki gruba ayırmışlardı. Bu gruplardan birine A grubu, diğerine ise B grubu adını vermişlerdi. Deney ekibi, A grubundaki erkek sineklerin bulunduğu ortama daha önce çiftleşmemiş dişiler koymuştu. Böylece A grubundaki erkekler bu dişilerle çiftleşebilmişti. Deney ekibi, diğer taraftan B grubundaki erkeklerin bulunduğu ortama ise henüz yeni çiftleşmiş dişiler koymuştu. B grubunun bulunduğu ortamdaki dişiler yeni çiftleşmiş olduğundan buradaki erkek sirke sinekleri ile çiftleşmeye yanaşmamıştı ve onları reddetmişti. Özetle A grubundaki erkekler çiftleşebilmiş, B grubundaki erkekler ise çiftleşememişti. Daha sonra her iki gruptaki erkek sirke sineklerini benzer bir beslenme ortamına koymuşlardı. Aşağıdaki resimde de gördüğünüz üzere burada iki çeşit besin bulunmaktaydı. İlkinde bu sineklerin tüketmekten hoşlandığı normal besin varken ikincisinde normal besinin içerisine bir miktar alkol eklenmişti. Deney ekibinin merak ettiği soru, A ve B grubundaki erkekler, beslenme konusunda herhangi bir farklılık gösterecek miydi?

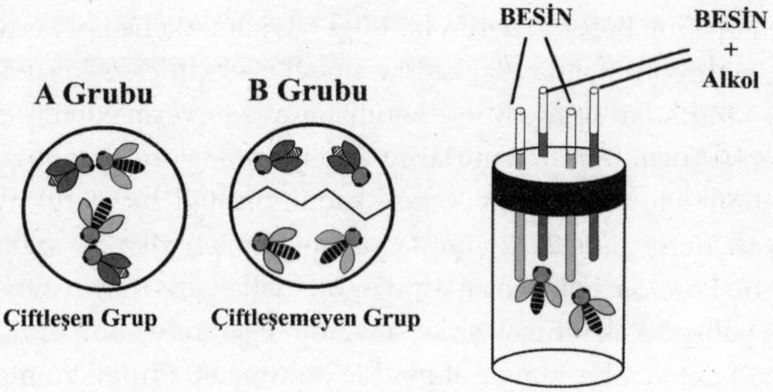

Sirke sineklerinde yapılan mutsuzluk deneyi

Sonuçlar oldukça ilginç sevgili okuyucu. Zira A grubundaki erkekler normal besini tercih ederken B grubundaki erkekler alkollü besini tüketmeyi tercih etmişlerdi. Bunun nedenini öğrenmek isteyen deney ekibi, B grubundaki erkeklerin beynini incelediklerinde mutluluk maddesi olan NPF'nin miktarının oldukça azalmış olduğunu görmüşlerdi. Yani özetle, çiftleşemediği için mutsuz olan sirke sineği kendini alkole vermişti. Bazı davranışlar ne kadar tanıdık geliyor değil mi sevgili okuyucu? Sonuç olarak depresif erkek sirke sineklerinin alkol alışkanlıklarını bir kenara koyarsak yazının ilk kısmında belirttiğimiz üzere sirke sineklerinde seçici olan tarafın dişi olduğunu hatırlatarak bir sonraki canlımıza geçelim.

Şarkı Söyleyecek Erkek Aranıyor

İsterseniz yukarıda uzun uzun bahsettiğimiz minik sirke sineklerini bir yana bırakıp inceleyeceğimiz canlıyı biraz daha büyütelim. Şimdi düşünün, sabah yatağınızda güzelce uyuyorsunuz. Bilhassa evinin yakınlarında ağaç bulunanlar ne demek istediğimi çok daha iyi anlayacaklardır. Özellikle ilkbaharın başlangıç döneminde, sabahın köründe evinizin yakınında bulunan bir ağaçtan gelen ve susmak bilmeyen kuş seslerini duymuşsunuzdur. Sizleri temin ederim ki duyduğunuz bu seslerin çoğu erkek kuşlardan gelmektedir. Zira erkek kuşlar, dişi kuşlara kur yaparken onların ilgisini çekebilmek için oldukça karışık şarkılar üretmektedir ve uykunuzun kaçmış olması onları zerre ilgilendirmemektedir. Kanarya, hint bülbülü gibi ötücü kuşlarda erkekler, oldukça çeşitli şarkılar üretirken dişiler üretmemektedir. Peki, dişiler bilerek mi böyle davranıyorlar? Aslında bu durumun nedeni de yine beyinde yer alan bir farklılıktan kaynaklanmaktadır.

Kuşların beyninde, ses kontrol bölgesi (VCR) olarak adlandırılan bir alan bulunmaktadır. Bu alan, kuşun çıkardığı sesleri düzenlemekte ve kompleks şarkılar üretmesini sağlamaktadır. Aşağıdaki resimde kuşların beyinleri ile ilgili bir kesit gösterilmektedir. Bu kesitte de görebileceğiniz üzere VCR bölgesi erkek kuşlarda dişilere göre yaklaşık beş kat daha büyüktür.

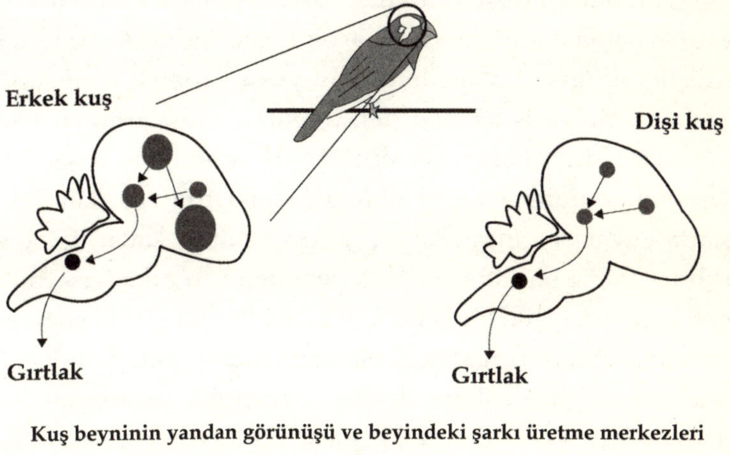

Kuş beyninin yandan görünüşü ve beyindeki şarkı üretme merkezleri

Özetle, ötücü bir kuşta beyindeki bu alan ne kadar büyükse o kadar başarılı ve ilgi çekici şarkılar üretilebilmektedir. İşte tam da bu nedenle erkekler oldukça güzel şarkılar üretebilirken dişi kuşlar bu konuda hiç kafa yormamaktadırlar. Çünkü ilgili bölgenin küçük olması, zaten bunu yapmasına imkân tanımamaktadır. Zaten dişi kuşumuzun yapacağı tek şey, en iyi ve en kompleks şarkıyı üreten erkeği seçmek olacaktır.

Doğada Süslü Olan Hep Erkeklerdir

Tabiata baktığımızda dans eden ve şarkı söyleyen erkek canlı türlerinin oldukça fazla olduğunu çok rahat görebilirsiniz. Buna ek olarak erkeklerin süse ve süslenmeye olan merakı da bir o kadar ilginç bir konudur aslında. Şunu unutmamak lazım ki doğada süslenenler çoğunlukla erkeklerdir ve bu konu ile ilgili çok fazla örnek bulunmaktadır. Konuyla ilgilenmek isteyenler eğer ufak çaplı bir araştırma yaparlarsa ilginç ve etkileyici birçok örnek karşısında hayrete düşeceklerdir. Örneğin penguenleri ele alalım. Her ne kadar güzel atasözümüz "Yuvayı dişi kuş yapar" dese de aslında birçok kuş türünde yuvaları erkekler yapmaktadır. Çünkü yapılan yuvanın güzelliği ve sağlam olması dişileri üremeye ikna etmek için çok önemli bir rol oynamaktadır. Penguen de bir kuştur ve erkek penguenler dişilerin ilgisini çekebilmek için yuva yapmak konusunda inanılmaz bir yarış içindedirler. Özellikle yuvalarını süsleme konusuna oldukça özen gösterirler. Sırf bunun için yaşadıkları ortamda bulunmayan ve oldukça uzaklarda yer alan ilginç taşlarla yuvalarını inşa ederler. Zira yuvada ne kadar ilginç ve farklı taş varsa bu durum erkek penguen için o kadar avantaj oluşturacaktır. Hatta bu konuda o kadar hırslıdırlar ki çoğu zaman yuvasından uzağa taş toplamaya giden rakip penguenin yuvasından ilginç taşları çalma davranışı bile gösterirler. Tek dertleri vardır. O da dişiyi etkilemek. Taşla kız mı tavlanır diye düşünen sevgili erkek okuyucularımıza, herhangi bir kuyumcular çarşısına gitmesini ve dükkân dükkân dolaşıp sevdiceği için en uygun tek taş pırlanta arayan erkekleri gözlemlemesini tavsiye edebilirim. Tekrar penguenlerimize dönecek olursak erkeğin bu hummalı çalışması karşısında dişi penguen ne yapıyor sizce? Evet, artık sanırız cevap konusunda hiçbir sıkıntımız yok. Dişi penguenimiz, sadece yuvaların arasında dolaşarak kendine en uygun yuvayı seçiyor.

Süsler konusunda bir diğer kahramanımız olan erkek tavus kuşlarının durumu da bir o kadar ilginçtir aslında. Tavus kuşlarını inceleme fırsatınız olursa bu hayvanlarda erkek ve dişilerin görünüşlerinin epey bir farklı olduğunu görürsünüz. Erkek tavus kuşları oldukça renkli ve güzel tüylere sahipken dişiler daha sade ve basit tüy yapısına sahiptir. Erkek tavus kuşları bu ihtişamlı tüy yapısını korumak için oldukça zaman ve emek harcamaktadırlar. Ayrıca bu tüy yapısı herhangi bir tehlikeden kaçmasını da oldukça zorlaştırmaktadır. Ama tüm bu olumsuz yanlarına rağmen erkek tavus kuşları için süsleri vazgeçilmezdir. Zira tek bir derdi vardır. Dişiyi etkileyebilmek.

Kadınlar Kendilerini Güldüren Erkeğe Bayılırlar

Okuyucunun kafasında şöyle bir soru oluşabilir. Madem doğada süslü olan hep erkekler neden insanlarda durum böyle değil de süslenenler hep kadın? Bu konuda da ilginç fikirler söz konusu doğrusu. Kimi araştırmacılar erkeklerdeki süs kavramının evrimleşerek, günümüz toplumunda maddi kaynaklar ve sosyal pozisyonlara karşılık geldiğini öne sürmektedir. Örneğin Amerikalı psikolog David Buss, farklı kültürlere sahip birçok toplumu incelediği çalışmasında, kadınların görünüşten ziyade maddi kaynak ve sosyal pozisyon ile daha çok ilgilendiğini öne sürmüştür. Bir diğer ilginç hipotez ise erkekte süs kavramının beynin evrimi aracılığıyla çok farklı bir şekil aldığı yönündedir. Bu fikre göre erkekler, kadınları etkilemek için görünüşlerini süslemek yerine beyinlerini süslemeye yönelik yenilikler oluşturacak şekilde evrimleşmiştir. Konunun anlaşılması için bir örnek verelim. Örneğin espri yapma yeteneği erkek için bir süs olarak kabul edilmektedir. Erkek beyni yıllar içerisinde geçirdiği evrim sonucu böyle bir özellik kazanmıştır. Aslında hepinizin de bildiği üzere erkekler bu süslerini günlük hayatta oldukça fazla kullanırlar. Muhtemelen buradaki en büyük dayanakları da "kadınların kendilerini güldüren erkeklere bayıldığı" argümanıdır. Peki, bu yaygın görüş doğru mudur? Eric Bressler ve ekibi 2006 yılında yaptıkları çalışmada bu konuyu çalışmışlardı. Deneyin sonuçlarına göre kadınlar gerçekten de kendilerini güldüren erkekleri çekici buluyorlardı. Deneyin ilginç tarafı, erkekler için böyle bir durum söz konusu değildi. Erkekler kendilerini güldüren kadınlara karşı herhangi pozitif veya negatif bir duygu hissetmiyorlardı. Yani söz konusu karşı tarafı etkilemek olduğunda espri yapmak sadece erkeklerin işine yarıyordu. Fakat çalışmanın sonuçları daha da ilginç bir bulguyu görmemize neden olmuştu. Evet, erkekler kendilerini güldüren kadınları çekici bulmuyordu ama kendilerine gülen kadınlara bayılıyorlardı. Yani sevgili kadınlar, bir erkeği güldürmek işinize yaramasa da karşınızdakinin anlattıklarına gülmek, o erkeğin sizden hoşlanması için oldukça işe yarayan bir etken olabiliyordu. Aslında bu çalışma, beynin bu yöndeki evriminin neden sadece erkekler üzerinde olduğu meselesine de bir miktar açıklık getirmektedir. Çünkü erkek, kadını etkilemek zorunda olduğundan beynini bu şekilde geliştirmek durumunda kalmıştı. Burada şu soruyu sorabiliriz. Peki, erkeğin espri yapma yeteneği bir kadın için niye önemliydi? Bilim insanları, espri yapma kabiliyetinin aslında erkeğin zekâsının gelişmişliğini gösteren bir belirteç olduğunu vurgulamaktadır. Çünkü insanları güldüren bir adam büyük ihtimalle yüksek bir zekâya sahiptir. Ayrıca bu durum, topluluk içinde daha rahat bir yaşam sürmek için gerekli olan sosyal yetenek düzeyine sahip olduğunu da göstermektedir. Bu özellikler kadınların eş seçiminde önemli rol oynayan özelliklerdir. Sonuç olarak bir kadın kendisini güldüren erkeği çekici buluyor. Çünkü espri yapma yeteneği aslında o erkeğin ne kadar zeki olduğunu göstermektedir. Diğer taraftan erkekler kendilerine gülen kadına bayılıyorlar. Çünkü karşısındaki kadının her gülüşü kendisini daha da zeki hissetmesine neden olmaktadır.

İlişkiyi Kadın Başlatır Kadın Bitirir...

Hatırlayacak olursanız yazımıza Türk kızı kavramı ile başlayıp seçiciliğin aslında toplum ve kültürden bağımsız bir konu olduğunu, doğadan örnekler vererek vurgulamaya çalıştık. Sevgili erkekler, aslında bu konuda boşuna tartışmaya gerek yok. Kabul edelim ki doğada her zaman dişiler seçicidir. Çünkü hamilelik dönemi oldukça önemli bir yatırımdır ve bu nedenle seçicilik dişiler açısından çok büyük önem taşımaktadır. Daha sağlıklı ve güçlü bir nesil oluşması için dişiler seçicilik konusunda çok dikkatli davranmak zorundadırlar. Durum böyle olduğu müddetçe de erkekler her zaman dişilerin dikkatini çekmek zorunda kalacaklardır. Erkek sirke sinekleri gibi dans etmek, erkek kanaryalar gibi şarkı söylemek, erkek penguenler gibi yuva yapmak ve erkek tavus kuşları gibi süslenmek doğalarında olan bir gerçektir. Tüm bunların da tek bir amacı vardır, o da dişilerin ilgisini bir şekilde çekebilmek. O zaman, ilişkide seçici olanın kadın olduğunu bilimin bulguları ışığında gönül rahatlığıyla belirterek ve Marquez'in çok sevdiğim bir sözüne gönderme yaparak bu bölümü bitirelim.

Sevgili erkekler, ne kadar yakışıklı ve havalı olursanız olun şunu kabul etmek durumundayız, "Bir ilişkiyi kadın başlatır ve kadın bitirir" lütfen artık bu konuda bir tartışma ortamı olmasın. Kadınlar ve erkekler olarak birbirimizi kırmayalım artık. Lakin sevgili kadınlar da şunu unutmamalı ki "Her zaman başlatan ve bitiren aynı kadın olmayabilir".

Bölüm 6

Beni Hiç Dinlemiyorsun!

Erkekler kadınların söylediği şeyleri düşünürken kadınlar erkeklerin söylemediği şeyleri düşünür.

İlişkide seçicinin kim olduğu meselesini hâllettikten sonra gelelim bir diğer önemli meseleye. Erkeklerin, kadınlardan en fazla duydukları cümlelerin başında, muhtemelen "Beni hiç dinlemiyorsun" cümlesi gelmektedir ve ilk sıralardaki yerini hiçbir zaman da kaybetmeyecek gibi gözükmektedir. Bu şikâyet bazen o kadar sık yaşanmaya başlar ki kadınlar, bu sorunun nedenlerini kendilerinde aramaya başlarlar. Yazının ilerleyen bölümlerinde de bahsedileceği üzere detaycılık, beynin sol yarıküresinin baskınlığı ile ilgili bir meseledir ve tipik bir kadın beyni özelliğidir. O nedenle kadınlar, bu detaycı özellikleri sayesinde kendileri açısından oldukça mantıklı senaryolar üretmeye başlayacaklardır. "Beni neden dinlemiyor acaba?", "Belki de artık beni önemli görmüyordur", "Acaba kilo mu aldım?", "Yaşlanıyor muyum?", "Yoksa başka biri mi var?" Yoksa yoksa yoksa... Sen de biliyorsun sevgili okuyucu, bu "yoksa"lar asla bitmeyecektir. Kadınların konuyu aydınlatmak için ürettikleri mantıklı tespit ve soruların tümünü yazsak ayrı bir kitaba çok rahat yetecek kadar malzeme ortaya çıkacaktır. O nedenle bu dinlememe meselesini çok iyi analiz etmemiz gerekmektedir. Sevgili kadınlar; hayır, kilo almadınız; hayır, yaşlanmadınız; hayır, hayatımızda başka birisi yok. Biliyorum size çok inandırıcı gelmeyecek ama sadece işitme ile ilgili problemimiz var.

Durumu daha iyi tespit edebilmek için aşağıdaki resmi incelemek bizim için yol gösterici olacaktır. Buzdağı paradoksu olarak adlandırabileceğimiz bu resimde bir kadın ya da bir erkek bir şey söylediğinde anlatılmak istenen ve karşı tarafın ne anladığı oldukça güzel özetlenmiştir.

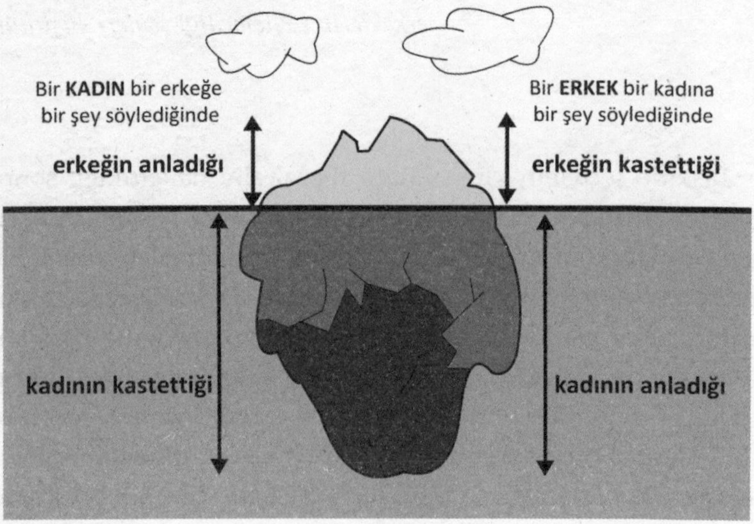

Buz dağı paradoksu

Yukarıdaki resimden yola çıkarak kadınların neden buz dağının derinliklerinde yaşadığını ve bu kadar detaycı olmalarının sebeplerini tartışacağız. Ama burada şunu belirtelim ki söz konusu dinleme olduğunda kadınlar erkeklere göre oldukça başarılılardır. Peki, erkeklerin bu konuda iyi olmamalarının nedeni nedir?

Sağcı mısın Solcu mu?

Aslında yazının daha önceki bölümlerinde de bu konuya bir miktar değinmiştik. Geschwind ve Galaburda'ya göre anne karnında maruz kaldığımız testosteron sol yarıkürenin gelişmesini geciktirmekte iken sağ yarıkürede oldukça hızlı bir gelişim sağlamaktadır. Bu nedenle sağ yarıküre, erkeklerde daha baskındır. Bunu zaten öğrenmiştik. Şimdi bir başka konuyu daha öğrenelim. Beynimizde harika bir iş bölümü vardır ve çeşitli işler için özelleşmiş birçok alan bulunmaktadır.

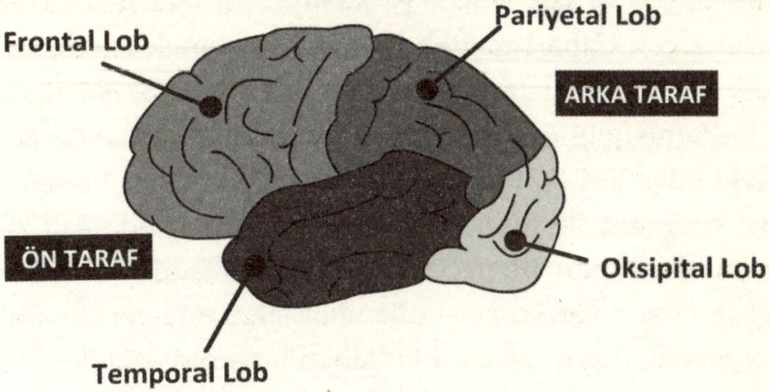

Beynin yandan görünüşü ve bölümleri

Mesela yukarıdaki resimde de gördüğünüz üzere beynimizin arka tarafındaki alan görme ile ilgili bir merkez iken, beynimizin çeşitli bölgelerinde koklama, işitme, konuşma, tatma gibi birçok olayla ilgili de ayrı ayrı merkezler bulunmaktadır. Her ne kadar bu merkezler birbirlerinden ayrı bölgelerde olsalar da birbirleriyle sürekli bağlantı hâlinde olup çok yakın ilişki içindedirler. Mesela koku merkezi ve tat alma merkezleri bu konuyu pekiştirmek için güzel bir örnek olabilir. Çünkü nezle olduğunuzda ya da başka bir nedenle burnunuz tıkandığında yediğiniz yemekten çok fazla tat alamazsınız. Bu durum, beyninizde oluşan tat algısı ile ilgili bilgilerin hem dil hem de burundan gelen bilgilerle etkileşmesi sonucu daha kuvvetli bir şekilde hissedilmesinden kaynaklanır.

Farklı işlevlerden sorumlu merkezler, hem sağ yarıkürede hem de sol yarıkürede yer almaktadır. Bu gerçekten çok avantajlı bir durumdur aslında. Zira bir taraftaki merkez hasar gördüğünde diğer merkez hâlen kullanılabilir durumdadır. Beyindeki ilgili merkeze ve duruma göre bazı taraf daha baskın kullanılmaktadır. Örneğin ellerinizi düşünün. İnsanlar, iki eli olmasına rağmen genellikle bir elini daha baskın kullanırlar. Eğer sağ elinizi baskın olarak kullanan biriyseniz hayatın genelinde birçok işi sağ elinizle yaparsınız. Mesela yazı yazarken sağ eliniz çok daha beceriklidir. Eğer denemek isterseniz sol elinizle bir kâğıda isminizi yazmayı deneyin. Sanki ilkokula yeni başlamış gibi oldukça çirkin bir yazınız olacaktır. Beynimizdeki bölgeleri de tıpkı böyle düşünebilirsiniz. Mesela işitme ve konuşma ile ilgili merkezler sol yarıkürede sağ tarafa göre daha baskındır. Bu nedenle söz konusu işitme ve konuşma olduğunda sağ yarıküreyi kullanmak algılamanızı bir miktar zorlayacaktır. Tıpkı sağ elini kullanan birisinin sol elle yazmaya çalışması gibi. Hatırlayacak olursak erkeklerde sol yarıküre gelişimi bir miktar geciktiğinden sağ yarıküre daha baskın olarak kullanılmaktaydı. Yani özetlersek erkekler sol tarafta daha iyi kullanabilecekleri bu merkezleri, sağda kullanmak zorunda kaldıklarından işitme ve konuşma konusunda büyük problem yaşarlar.

Erkeklerin işitme konusundaki şanssızlığı bununla da bitmiyor ne yazık ki. Beynimizde, kabaca tarif edilecek olursa kafamızın yanlarında, kulak hizasında yer alan bir bölge bulunmaktadır. Bu bölgenin adı temporal korteks olup kendisi, dil işleyişi ve muhakemeden sorumlu bir alandır. Sandra Witelson adlı bilim insanının yaptığı otopsi çalışmaları, bu bölgedeki bazı alanların kadınlarda erkeklere göre daha geniş yer kapladığını göstermiştir. Burada okuyucuya şu temel kuralı hatırlatmakta fayda var. Beyinde bir bölge ne kadar fazla alan kaplıyorsa yaptığı iş de o kadar iyidir. Yani bu bölgenin kadın beyninde daha fazla alan kaplaması, yine dil işleyişi ve kavrama konularında kadınların erkeklere göre neden daha iyi olduklarını göstermektedir. Sonuç olarak erkekler hem yanlış taraftaki merkezleri kullanmak zorunda kalıyor hem de kullandığı merkezler kadınlara göre daha küçük kalıyor. Sevgili kadınlar, duruma bir de bu açıdan bakarsanız aslında erkekleri "dinlememekle" suçlamanız biraz haksızlık bile olabilir.

Kormut'un Sesi Uzaktan Hoş Gelir

Yukarıda belirttiğim fizyolojik farklılıkları birkaç örnekle pekiştirelim. Aslında erkeklerin işitme konusunda, kadınlara göre ne kadar başarısız olduğunu gösteren birçok çalışma bulunmaktadır. Mesela çalışmanın birinde erkek ya da kadın gönüllülere bir kulaklık veriliyor. Gönüllü kişilerden, çok basit bir görevi yerine getirmeleri isteniyor. Kulaklıktan kısa aralıklarla kendilerine dinletilen kelimeleri yüksek sesle tekrar etmeleri gerekiyor. Ne kadar basit bir deney değil mi? Yalnız burada deneyi yapanların ufak bir hilesinden size bahsetmem gerekecek. Normalde deneklere kulaklığın her iki tarafından da net bir şekilde duyulan birçok kelime dinlettiriliyor. Fakat araya bazı ilginç, çeldirici durumlar yerleştirilmiş. Örneğin bazı durumlarda kulaklığın sağ tarafından farklı bir kelime, sol tarafından farklı bir kelime eş zamanlı olarak dinletiliyor. Yani daha önceki gibi kişiye bir kelime değil eş zamanlı söylenen iki kelime dinlettiriliyor. Burada merak edilen durum katılımcıların eş zamanlı dinletilen iki kelimeden hangisini yüksek sesle tekrarlayacağı. Örneğin kulaklığın sağ tarafından "armut" kelimesi, sol tarafından "koyun" kelimesi aynı anda duyulsun. Böyle bir durumda kadın ve erkekler arasında bir fark gözlenir mi? Aslında test sırasında kadınları izlemeniz lazım. Her iki kelimeyi de ayırt edebilmede o kadar başarılılar ki "koyun" derken kafasını hafif sola, "armut" derken kafasını hafif sağa eğmektedir. Yani kulaklıktan aynı anda duyulmasına rağmen hangi kelimenin hangi taraftan geldiğini çok net bir biçimde ayırt edebilmektedir.

Diğer taraftan aynı testte erkeklerin sergilediği performans gerçekten de içler acısıdır. Öncelikle gözlerinde birkaç milisaniyelik bir donma ifadesini net bir şekilde görebiliyorsunuz. Ardından kimi erkekler sadece koyun kelimesini duyup onu söylüyorlar. Bir kısım erkek sadece armut kelimesini duyup armut diyor. Ama belki de en kötüsü birçok erkek gönüllü, her iki sesi de tam anlayamadığından "kormut" diye ortaya karışık bir kelime icat ediyorlar. Üstelik "kormut" derken kendisi de fark ediyor saçma bir kelime söylediğini ama bu farkındalık, sonucu değiştirmiyor. Yani erkekler sırf eş zamanlı söylendi diye kelimeleri algılamakta büyük zorluk yaşıyorlar. O nedenledir ki herhangi bir işle uğraşan bir erkeğe bir şey anlatmayın. Çünkü böylesine konsantre olduğu bir deneyde bile başarısız oluyorsa günlük hayatta sizi duyması hemen hemen imkânsızdır. Örneğin elinde televizyonun uzaktan kumandası olan bir adama bir şey anlatmayın. Sizi duyamaz. Zira size basit bir iş gibi gözükse de kendisi kanalları değiştirmektedir. Ayrıca siz bir şeyler söyledikten sonra erkeklerin kafa sallamasına ve anladım demesine de bakmayın. Aslında o da bir reflekstir sadece.

Çünkü erkeğin tek istediği kadınların sürekli bir şeyleri tekrarlayıp durmasının önüne olabildiğince hızlı geçmektir. Bu nedenle bir şey duyar duymaz kafalarını sallarlar.

Parazit Yapma Lütfen

Erkeklerin işitme konusundaki bu basit sıkıntıları, kadınların söyledikleri cümleleri birçok kere tekrar etmelerine neden olmaktadır. Anlaşılmak amacıyla yapılan bu tekrarlamalar genellikle erkekler tarafından "dır dır" olarak algılanmaktadır. Burada kadın okuyucularımıza şunu ısrarla vurgulamak isterim. Yanlış yapıyorsunuz. Çünkü siz tekrar ettikçe daha iyi anlaşılacağınızı düşünseniz de erkek beynindeki sistem öyle çalışmıyor.

Hollanda ve Portekiz'de yapılan bilimsel çalışmalar, erkeklerin beyni ile ilgili çok enteresan bir durumu gözler önüne sermiştir. Ergenlik dönemindeki testosteron ve östrojen hormonlarındaki dalgalanmaların, kız ve erkeklerin beyinlerinde duyma farklılıklarını iyice belirginleştirdiği gösterilmiştir. Örneğin yapılan bir çalışmada yaşları 17–25 arasında olan sağlıklı erkek ve kadın gönüllülere iki tip ses dinlettirilmiştir. Bu seslerden birinde kişilere müzik dinletilirken diğerinde belirli bir frekansta kendini tekrarlayan parazit sesler dinlettirilmiştir. Gönüllüler bu sesleri dinlerken eş zamanlı olarak beyin görüntüleri incelenmiştir. Kadınların beyninde hem müzik hem de parazit sesin etkin bir şekilde analiz edildiği görülmüştür. Yani beynin ilgili kısımları her iki ses türünde de aktif bir şekilde çalışmaktadır. Diğer taraftan erkeklerdeki durum bir miktar farklı sonuçlar ortaya koymuştur.

Erkeklerin beynindeki ilgili alan, kadınlarda olduğu gibi müzik dinlerken etkin bir şekilde çalışır ancak parazit sesini duyduğunda kadınlardan farklı olarak buradaki aktiviteyi durdurmaktadır. Yani parazit gibi kendini tekrarlayan bir ses durumu söz konusu olduğunda erkek beyninde ilgili alanlarda aktivite durmaktadır. Çok ilginç bir şekilde erkek beyni tekrar eden uyarıya daha fazla ket vurmaktadır. O nedenle sevgili kadınlar bir şeyi defalarca tekrarlama çabanız aslında erkeğin sizi hiç duymamasına neden olmaktadır. Çünkü erkek beyni sizin yaptığınız bu tekrarları otomatik olarak parazit gibi algılayıp beyindeki ilgili bölümde aktiviteyi kapatmaktadır. İşte bu nedenle erkek, duyamadığı bu tekrarlara "dır dır" adını vermektedir.

Bugün Ne Giysem?

Sevgili kadınlar eğer bir erkeğe sizin için önemli bir konu anlatmak istiyorsanız lütfen kıyafet seçiminizi doğru yapın. Zira bu konuyla ilgili BBC ile ortak düzenlenen harika bir çalışma bulunmaktadır. Bu ilginç çalışmada denekler bekleme odasına alındı. Odada açık bir televizyon vardı ve televizyonda da bir haber bülteni yayınlanıyordu. Ama bu haber bültenini her gün televizyonlarda gördüğünüz onlarca haber bülteninden ayıran önemli bir fark vardı. Deneklerin bekleme odasında izlemekte oldukları haber bülteni, aslında tümüyle deney ekibi tarafından tasarlanmıştı. Haberler; biri çekici bir kadın, diğeri de yakışıklı bir erkek olmak üzere iki sunucu tarafından sırasıyla sunulmaktaydı. Örneğin erkek sunucu Londra'daki silah ticareti ile ilgili bir haberi paylaştıktan sonra kadın sunucu, dönemin önemli olaylarından biri olan kuş gribinden bahsediyordu. Bu düzene göre çeşitli haberler sırasıyla sunuldu. Bu arada sunulan haberlerin önem derecesi açısından birbirine yakın olarak seçildiğini vurgulamak lazım. Haberlerin bitiminden sonra deneklere bir geri bildirim formu dağıtılarak dinledikleri haberlerden onlar için önemli olan ve hatırladıkları haberleri yazmaları istendi. Asıl ilginçlik bundan sonra başladı. Kadınlar, hem erkek hem de kadın sunucunun vermiş olduğu haberlerin bir kısmını kendileri için önemli bulmuşlardı. Diğer taraftan erkekler, sadece erkek sunucunun anlattığı haberlerin bir kısmının ilgi çekici olduğunu düşünüyorlardı. Acaba erkekler neden kadın sunucunun anlattığı haberlerden etkilenmemişti?

Çünkü erkekler kadın sunucunun anlattığı haberlerin sadece çok az bir kısmını hatırlayabiliyordu. Yani özetle erkekler, erkek sunucuyu dinlemiş ancak kadın sunucuyu dinlememişti. Peki, bunun altında yatan büyük sır neydi? Aslında açıklaması çok basit olan bu deneyde, deney ekibi tarafından kadın sunucuya çok hafif göğüs dekoltesi olan bir kıyafet giydirilmişti. Bu hafif dekolte sayesinde erkekler anlatılan haberlerin çoğunu duymamıştı.

Burada şunu vurgulamakta fayda var. Haberleri sunan erkek sunucu da oldukça çekici olmasına rağmen kadın denekler erkeklerdeki gibi bir sorunla karşılaşmamıştı. Bunun nedeni beynimizin ortasında yer alan limbik sistem adını verdiğimiz bölgenin erkekte bir miktar farklı çalışmasından kaynaklanmaktadır. Kitabın ilerleyen bölümlerinde limbik sistem ile ilgili bu farklılıklar daha ayrıntılı bir şekilde ele alınacaktır.

İnanamıyorum, Beni Dinliyor

Yukarıda anlatılan tüm bu bilgiler ışığında bu kısmı toparlayacak olursak şunu söylemekte fayda var. Sevgili kadınlar, özetlediğimiz bu anatomik ve fizyolojik farklılıklar nedeniyle erkeklerin sizleri dinlemekte zorlanması aslında oldukça doğal bir durumdur. Bu nedenle, kendinizle ilgili komplo teorileri üretmenize hiç gerek yok. Tabii sizin işitme ile ilgili böyle bir sorununuz olmadığı için bu konuyu kavramakta zorlanabilirsiniz ama erkekler açısından ne yazık ki durum böyle. Yani televizyon izleyen veya bilgisayar başındaki bir erkeğe bir şey anlatmayın. Sizi duyamayacaktır. O nedenle eğer gerçekten söylemek istediğiniz önemli bir şey varsa önce erkeğin o an uğraştığı konu neyse ilk olarak onu ortadan kaldırın. Eğer televizyon izliyorsa televizyonu kapatın. Bilgisayar ile uğraşıyorsa onu bilgisayardan uzaklaştırın. Geçin karşısına, gözlerinin içine bakın ve ne söylemek istiyorsanız onu söyleyin. Unutmayın, cümleleri tekrarlamak yok. Bu uzun uzun yazdığım mesele en fazla beş saniyenizi alacaktır. Eğer bu konuşma sırasında üzerinizde dekolte bir kıyafet de yoksa erkek ne dediğinizi çok iyi anlayacaktır. Çünkü sizi duyabilecektir. Bu yaklaşım size biraz abartı gibi gelebilir ama inanın oldukça işe yarıyor.

Benimle Sesini Yükselterek Konuşma

Sevgili erkekler, gördüğünüz üzere kadınların işitme ve muhakeme ile ilgili beyin bölgeleri bizlere göre daha gelişmiş durumda. Yani oldukça iyi bir işitme sistemine sahip olduklarından ses tonundaki en ufak değişiklikleri bile algılayabilme yeteneklerine sahiptirler. Aslında bu yetenek, kadınlar için evrimsel önem taşıyan bir konudur. Çünkü kadın en ufak ses değişikliklerini bile analiz etmek zorundadır. Zira bunun çok önemli iki nedeni vardır. İlk olarak şunu kabul etmeliyiz ki kadınlar, kas yapısı ve gücü açısından erkeklere göre daha zayıftırlar. Doğal olarak bir erkek karşısında zarar görme ihtimalleri yüksektir. Bu nedenle erkeğin sesindeki en ufak değişiklikleri bile algılayabilmek, aslında kadının savunma sistemi açısından oldukça önem taşımaktadır. Zira kadında, erkek konuşmaya başladığı an ses tonunu gözleyerek "kızgın mı, öfkeli mi" olduğuna dair analiz yapabilecek bir sistemin bulunması oldukça önemli bir savunma mekanizmasıdır. Diğer bir önemli konu ise annelik güdüsüdür. Bildiğiniz üzere bebekler uzun bir süre konuşamazlar. Bu nedenle annelerin bebeğinin ihtiyacı ile ilgili en ufak ses değişikliklerini analiz etmeleri oldukça önemlidir. "Bebek acıktı mı, altını mı ıslattı, bir yerimi ağrıyor" gibi.

Gerek evrimsel bir savunma mekanizması gerekse de bebekler ile daha kuvvetli bir empati kurmak nedeniyle kadınların işitme konusunda erkeklere göre oldukça yetenekli olduklarını söylemekte fayda var. Tabii erkekler bu konuda böyle hassas bir sisteme sahip olmadıklarından bazı şeyleri kabullenmede oldukça zorluk yaşıyorlar. Örneğin tüm erkeklerin hayat boyu karşılaştıkları ve ciddi bir kavga sebebi olan şu cümleyi ele alalım. "Benimle sesini yükselterek konuşma Samet!" Acaba içinizde böyle bir cümle duymayan bir erkek var mı sevgili okur? Muhakkak hemen hepimiz duymuşuzdur. Tabii bu cümle karşısında Samet'in "Kim yüksek sesle konuşuyor" diye bağırarak karşılık vermesi de oldukça yüksek bir ihtimal gibi gözüküyor. Çünkü Samet'in bilmediği, karşısındaki kadının çok dar aralıktaki ses değişikliklerini bile çok iyi algılayan bir sisteme sahip olmasıdır. O nedenle sevgili Samet ve sevgili erkekler. Eğer birisi size "Benimle sesini yükselterek konuşma" diyorsa emin olun bu durum sizin algılayamadığınız ses değişikliklerini algılayabilmesinden kaynaklanıyordur. O nedenle konuşmalarınızda ses tonunuza biraz daha dikkat etmeye çalışmak, birçok gereksiz kavganın daha başlamadan yok olmasını sağlayacaktır.

Bölüm 7

Kadınlar Çok mu Konuşur?

Bir kadından her şeyi öğrenebilirsiniz eğer soru sormazsanız
Maugham

Birçok noktada oldukça farklı düşünen ve kutuplaşmaya bayılan erkeklerin, ilginç bir biçimde fikir birliğine ulaştığı ender konulardan biri de kadınların ne kadar geveze oldukları ile ilgili temel görüşleridir. Bu konudan çok fazla şikâyetçi olan erkekler, eski dönemlerde sadece şikâyet etmekle de yetinmiyordu. İnsanlık tarihi boyunca birçok toplumda çok konuştuğu öne sürülen kadınların, erkeklere karşılık vermemeleri gerektiği konusunda oldukça sert uygulamalara maruz kaldığı sayısız örnek bulunmaktadır. Erkeklerin bu garip fikir birliği ve enteresan geçmiş deneyimleri doğrultusunda, kadınların geveze olup olmadıklarını gelin hep beraber sinirbilim bulguları çerçevesinde inceleyelim.

Kafede Yaşanan İlginç Bir Diyalog!

Gerek ülkemizde gerekse de dünyada bir ara çok popüler olan bir bilgi dolaşıma girdi. "Kadınlar bir günde 20.000 kelime kullanırken erkekler sadece 7.000 kelime kullanır" şeklindeki bilgi bir anda yayılarak hemen her ortamda sohbet konusu oldu. Bu mesele o kadar yayılmıştı ki oldukça seyrek gitmeme rağmen bir alışveriş merkezi içinde birbiriyle konuşan bir çiftin arasında geçen bir muhabbetten çıkıp benim kulağıma kadar geldi. Muhtemelen evli ya da uzun süredir beraber olduğunu düşündüğüm çift, alışveriş sonrası benim de birini beklemek zorunda olduğum bir kafeye oturmuşlardı. Kadın almış olduğu kırmızı ayakkabının, dolabındaki hangi kıyafetlerle uyum sağlayacağı hakkındaki fikirlerini heyecanla anlatırken erkek de elindeki cep telefonundan bir şeylere bakıyordu. Bir önceki bölümü okuyan sevgili okuyucularımızın hatırlayacağı gibi erkeğimiz muhtemelen kadının bu kadim hikâyesini duymuyordu ve kadın da bunu hafiften fark etmeye başlamıştı. İroniye bakın ki tam bu sırada erkek internette bahsettiğimiz haberi görmüştü ve hemen bu bilgiyi eşiyle paylaşmak istemişti. Kadına dönerek "Biliyor muydun hayatım, kadınlar bir günde 20.000 kelime kullanırken erkekler sadece 7.000 kelime kullanıyormuş" demişti ve cep telefonuna geri dönerek hızlı parmak hareketleri ile başka bir ilginç haber bulma yolculuğuna geri dönmüştü. Bunun üzerine kadın adama, "Doğrudur, muhtemelen söylediğimiz şeyleri bir kerede anlamadığınız için en az üç kere tekrar etmek zorunda kalıyoruz" diye laf sokmuştu.

Komik olan kısım ise adam kadına dönmüştü ve "Efendim hayatım" demişti. Oldukça ironik olan bu gözlemde, keşke kadın bir önceki bölümde yazdıklarımızı (inanamıyorum, beni dinliyor) okumuş olsaydı ve bu doğrultuda davranabilseydi. Böylece zekice vermiş olduğu cevap adresine tam anlamıyla ulaşabilirdi.

Kadınlar Günde Üç Kat Fazla Kelime Kullanmaz!

Peki, nedir bu üç kat fazla konuşma meselesi ve kaynağı nereden gelmektedir? En baştan şunu belirtmekte fayda var ki çok ilginç bir biçimde bu mesele hem kadınlar hem de erkeklerin uzlaştıkları ender konulardan biri olmuştur. Toplumun hemen her kesiminde oldukça hızlı kabul görmüş ve giderek popüler hâle gelmiştir. Bu bilgi erkeklerin çok hoşuna gitmiştir. Çünkü bu durum kadınların ne kadar geveze olduklarını bilimsel olarak ispatlamaktaydı. Diğer taraftan kadınlar arasında bu kadar çok tutmasının nedeni ise erkeklerin doğru düzgün cümle kurmayı bile beceremeyip sadece çeşitli ünlemler ile (he, ha, nasıl) anlaşan oldukça basit canlılar olduklarının nihayet bilim tarafından da fark edilmesiydi.

Şunu çok net vurgulayalım. Sevgili okuyucu, eğer aranızda erkeklerin az konuştuğunu düşünenler varsa kendilerini hafta sonu akşamları yayınlanan herhangi bir futbol programını izlemeye davet ediyorum. Bir hakemin vermiş olduğu saniyelik herhangi bir kararı dakikalarca tekrarlarını izleyerek tartışan ve evrenin sırrını çözmüş havalarında gerçekleşen bir muhabbetin döndüğü oldukça garip bir ortamdan bahsediyorum. Yalnızca bir program izledikten sonra bile erkeklerin az konuştuğu konusunda ciddi hayal kırıklıkları yaşayabilirsin.

Aslında bir önceki bölümde, dişi beynin işitme ve konuşma konusunda erkek beyne göre neden daha başarılı olduğunu özetlemiştik. Ama görünen o ki bu fark, kelime sayılarına bu denli (3 kat) bariz bir farkla yansımamaktadır. Yazının ilerleyen kısımlarında bir erkeğin ve kadının günde kaç kelime kullandığı ile ortalama rakamları paylaşacak olsak da gelin önce şu 20.000 ve 7.000 kelime efsanesinin kaynağına bir bakalım.

Bir Başka Şehir Efsanesi

"Kadınlar bir günde 20.000 kelime kullanırken erkekler sadece 7.000 kelime kullanır" aslında tam anlamıyla bir şehir efsanesidir. Televizyonlardaki komedi dizilerinden tutun, birçok kişisel gelişim kitabında ve hatta akademide bazı derslerde bile yer bulmuş bir bilgidir. Bu bilgi o kadar hızla kullanılmaya başlanmıştır ki kimse bunun kaynağı ne diye sormamıştır bile.

Pennsylvania Üniversitesi'nden Mark Liberman adlı bir dil bilimci profesör hiç üşenmemiş ve bu meselenin nereden kaynaklandığını araştırmıştır. Geriye dönük yaptığı araştırmada, kadın ve erkek konuşmasına ait ilk rakamlara James Dobson'un 1993 yılında yayımlanan bir kitabında (Love for a Lifetime) rastlamıştır. Peki, bu kişi kimdi ve neye dayanarak bu bilgiyi paylaşmıştı? Aslında James Dobson adlı ağabeyimiz, o dönemin Amerikan toplum yapısındaki bozuklukları düzeltmek amacıyla yazılar yazan, dini bütün biri olarak karşımıza çıkmaktadır. Özellikle gençleri evliliğe özendirecek bilgilerinde İncil'in görüşlerini de sıklıkla kullanan bu yazar, kitabında kadınların günlük hayatta 50.000, erkeklerin ise 25.000 kelime kullandığını yazmıştır. Kitabı okumaya devam ederseniz bu bilgiyi hiçbir kaynağa dayandırmadığını görürsünüz. Aynı dönemde evlilik danışmanı unvanıyla yazılar yazan bir başka karakter olarak Gary Smalley adında bir kişi karşımıza çıkmaktadır. Bu ağabeyimiz de televizyondaki kadın programlarında sıkça boy göstererek evlilik ilişkilerinin nasıl yürütülmesi gerektiğinin sırlarını paylaşan popüler bir kişiydi. Kadınların kocalarıyla nasıl iletişim kurması gerektiğini anlatan "Kocanızla İletişim Kurmak (Connecting with your husband)" adlı kitabında (ki bu kitap sanırım çok da işe yaramadı çünkü bir sonraki kitabının adı *Kocanızı Geri Kazanmanın Yolları* idi) kadınların günde 25.000 kelime, erkeklerin ise 12.000 kelime kullandığını dile getirmektedir. Smalley'in de bu rakamları neye dayanarak yazdığı konusu net bir şekilde açıklanmamaktadır.

Bu rakamların bugünkü popülerliğe ulaşmasını sağlayan ise Alan Pease ve Barbara Pease adlı iki yazardır. Bu çift, kadın-erkek ilişkileri, evlilik ve vücut dilini doğru kullanma gibi çeşitli konularda oldukça popüler kitaplar yazmıştır. "Erkekler Neden Dinlemez ve Kadınlar Neden Harita Okuyamaz? (Why Men Don't Listen and Women Can't Read Maps?)" adlı kitaplarında, kadınların günlük 8.000 kelime, 2.000-3.000 civarında ses tonu değişikliği, yaklaşık 10.000 yüz ve vücut ifadesi ile toplamda 20.000 birimlik bir iletişim yolu kullandığını yazmışlardı. Yani kadınların kendini ifade etmesinde erkeklere göre daha kuvvetli bir iletişim yolu kullandıklarını belirtmişlerdi. Şu an yapılan çalışmalar da kadınların bu konuda daha yetenekli olduklarını desteklemektedir. Gerek kitabın konusu gerekse de çok yüksek satış rakamlarına ulaşması herkes gibi medyanın da ilgisini çekmişti. Medyada temel bir kural vardır. Bir haberin popülerleşmesini istiyorsan önce ifade edileni basitleştir ardından en vurucu kısmı cımbızla çekip manşet yap. Böylece içinde kelime sayısı, ses tonu değişikliği, yüz ve vücut ifadesi ile toplamda 20.000 birimlik iletişim yolu bir anda 20.000 kelime olarak vurgulanınca ortaya böyle bir tablo çıkmış oldu.

Sessiz Avcı ve Geveze Mağara Kadını

Günlük konuşma ve kullanılan kelime sayıları konusunda, günümüze kadar çok fazla sayıda çalışma yapılmıştır. Sonuçlar arasında çok fazla tutarlılık olmamakla beraber, genel anlamda kadınların erkeklere göre bir miktar avantajlı oldukları gösterilmiştir. Aslında bir önceki bölümde, özellikle dinleme kısmında bu farkların oluşmasına neden olan nörolojik temellerden bahsetmiştik. Kimi araştırmacılar bu farklılığın temelini doğrudan genetik faktörlere bağlarken başka bir grup ise bu işin evrimsel gelişiminde meydana gelen çevresel farklılıkların yine genler aracılığıyla sonraki kuşaklarda kendini gösterdiğini öne sürmekteydi. Evrimsel gelişimin etkisini özetlemeye çalışan çeşitli hikâyelerden biri de "Sessiz Avcı" hikâyesidir. Bu görüşe göre ilkel dönemlerde avcılık, erkeğin sorumluluğunda olan bir iş olduğundan erkek sessiz olmak zorundaydı. Zira çıkaracağı her ses avının kaçmasına neden olabilirdi. Oysa mağarada kalan kadınlar için böyle bir sorun yoktu. Onlar da iletişimi geliştirmek adına sürekli birbirleriyle konuşup duruyorlardı. Bu nedenle de evrimsel süreçte erkekler sessiz kalmış, kadınlar ise çok konuşkan olmuştu. Açık konuşmak gerekirse bu açıklama bana her zaman oldukça zorlama bir fikir gibi gelmiştir. Zira ortada günlük konuşma dili açısından aslında böylesine net bir fark olmadığından bu hipotezin temelinde tartışmaya açık çok nokta bulunmaktadır.

Bunu mu Demek İstedi?

Madem ilkel çağlara bu kadar gittik, bir meseleye daha değinmeden geçmeyelim. Kadın mı daha çok konuşur yoksa erkek mi kısmı tartışıladursun, benim için daha önemli bir soru var. Acaba ilk kim konuştu? Muhtemelen bu sorumun cevabını hiçbir zaman öğrenme şansımız olmayacağı için gelin tüm bilimsel verilerden uzaklaşıp işin içine biraz da hayal gücü katarak yorum yapmayı deneyelim.

Bence tarihte ilk kez kadın konuşmuş olabilir ve kurduğu cümle de muhtemelen "konuşmamız lazım" idi. Şimdi düşünün, tarihte keşfedilen birçok şey ihtiyaç hâlinde ya da tesadüfen bulunmuştur. Örneğin yemeği pişirebilmek için "ateş yakmak lazım", daha iyi avlanabilmek için "mızrak yapmak lazım", iletişim kurmak için de "konuşmak lazım". Belki de "konuşmamız lazım" cümlesinin erkekler üzerinde bu denli kuvvetli etki göstermesinin ardında bu mantık yatıyordur. Şimdi düşünün, tüm gün şu an adını bile bilmediğimiz türlü türlü hayvanı kovalayıp eve dönüyorsunuz. Mağaranın kapısında sizin gibi olan ama bazı yapıları size benzemeyen biri (kadın) duruyor. Kıvrılmış bileklerini belinin kenarlarına yerleştirmiş bu kişi, çıkardığı sese şekil vererek size oldukça uzun bir şey söylüyor (konuşmamız lazım). Tabii elemanımız konuşmayı bilmediğinden bu ilginç ses dizisi karşısında büyük bir şaşkınlık duyarak "acaba ne demek istedi" diye kalacaktır. Belki de bu büyük şaşkınlığın oluşturduğu etki, nesilden nesile aktarılarak günümüz erkeklerinde hâlen gözlemlediğimiz bir davranış biçimine dönüşmüştür.

Sevgili erkekler, kendinizden yola çıkarak bu kısmı örnekleyelim. Örneğin yorgun argın eve geliyorsunuz ve sizi kapıda bekleyen sevgiliniz "konuşmamız lazım Nuri" diyor. Şimdi Nuri'nin beynine hızlıca bir göz atalım. Bir erkek ne zaman böyle bir cümle duysa beyninde paralel olarak birçok dosya açılacaktır "acaba ne yaptım" diye. Hani Google'a bir kelime yazmaya başlarsınız da siz daha kelimeyi tamamlamadan bir sürü seçenek çıkar ya! İşte erkeğin beyninde de bir sürü alternatif başlık açılacaktır "acaba bunu mu demek istedi" diye. Burada yapılacak en doğru tercih "kendimi şanslı hissediyorum" seçeneğine tıklayıp karşınıza ne çıkacağını beklemek olacaktır sanırım. İşte mağaranın kapısında yaşadığımız ilk konuşmanın yaşattığı bu travma, erkeklerin "konuşmamız lazım" cümlesini duyduğunda heyecanlanmasına ve endişe etmesine neden olacaktır. Sevgili okuyucu, bu kısımda yazmış olduğum ve tümüyle hayal gücümün uydurmasına dayanan saçmalıkları bir kenara bırakarak bilimin güzel ve sıcak ışığına geri dönelim.

Fizyolojik Farklılıklar

Kadınlar kendilerini ifade etmede, iletişim kurmada ve çeşitli uyarıları algılamada daha başarılıdırlar ve bu durum bebeklikten itibaren kendini göstermektedir. Mesela kız çocuklar, erkeklere göre daha erken konuşmaya başlarlar. Ayrıca konuşmaya başlamadan önceki dönemde de kendini ifade etmede oldukça farklı yöntemler kullanırlar. Bununla ilgili şöyle ilginç bir deney vardır. Araştırmacılar, bebekleri annelerini görebilecekleri ama ona ulaşmasını önleyecek bir engelin olduğu bir yere koyuyorlar. Bu engel, bebeğin üstünden aşıp geçemeyeceği bir yükseklikten oluşuyor. Doğal olarak bebek annesini görüp yanına gitmek istiyor ama engeli aşması imkânsız. Burada kız ve erkek bebeklerin çözüme yaklaşımları arasında çok ilginç bir davranış farkı olduğunu görüyoruz. Kız bebek sürünerek engelin yanına kadar geliyor. Daha sonra engeli geçmek için bir iki ufak girişimde bulunuyor. Engeli geçemeyeceğini anlayınca ağlamaya başlıyor. Burada kız bebeğin canı yandığı için değil annesi ile iletişim kurmak için ağladığını görüyoruz. Her ne kadar ağlamak söz konusu olduğunda siz hep aynı sesi duysanız da aslında bebeklerin ihtiyaçlarını ifade etmede kullandığı ağlama yöntemleri oldukça farklıdır. Hatta daha da ilginç olanı, 10. aydan itibaren bebekler ağlama kavramının isteklerini elde etmek için kullanabilecekleri bir araç olduğunu öğrenmiş oluyorlar. Böylece sahte ağlamaların da hayatlarına girdiği bir dönem başlamış oluyor. Deneye dönecek olursak kız bebek bariyerin yanına gelip geçemeyeceğini anlayınca ağlayarak annesine "beni al" mesajını gönderiyor. Peki, erkek bebek ne yapıyor? O da engele kadar sürünerek geliyor. Birkaç denemeden sonra geçemeyeceğini anlıyor. Bu noktada kız bebeğin yaptığı gibi annesi ile iletişim kurmayı düşünmüyor. O zaman da geriye tek bir çare kalıyor o da engeli tırmanıp aşmak. Tabii ki de engeli aşamadığında düşüp canını yakıyor. Bunun sonucunda ağlıyor ve annesi gelip onu alıyor. Buradaki ağlamanın nedeninin iletişim kurmak değil, yere düştüğünde hissettiği acı olduğunu önemle vurgulayalım. Sonuç olarak hem erkek hem de kız bebek ağlayarak annesinin kendisini almasını sağlıyor. Tek fark erkek çektiği acıyla kalıyor.

Okul dönemine bir göz attığımızda yine kız çocukların okumayı daha erken öğrendiklerini görüyoruz. Özellikle okuma ve yazma konusunda öğrenme güçlüğüne neden olan "disleksi" adlı rahatsızlık, erkek çocuklarda kızlara nazaran 3-4 kat daha sık görülmektedir. Yabancı lisan öğrenmede kızların daha başarılı olduğu çeşitli araştırmalarda gösterilmiştir. Kelimelerin birbirleriyle etkileşimini içeren dil bilgisinde kız çocuklar erkeklere göre daha başarılı olmaktadır. Diğer taraftan seslerin taklidi konusunda ise erkeklerin daha avantajlı olduğunu ve bilhassa çocukluk döneminde bu özelliğini çok kullandığını görebilirsiniz. Bunu gözlemlemeniz için herhangi bir okul bahçesine teneffüs sırasında bakmanız yeterlidir. Kaotik kalabalığın içinde muhakkak iki kolunu yanlara açarak uçak gibi ses çıkarıp koşan bir erkek çocuk görürsünüz.

Kekeme Kral

Başka bir konuşma bozukluğu olan kekemelik durumu, yine erkeklerde kız çocuklara göre 5-7 kat daha sıklıkta görülmektedir. Peki, kekemeliğin kökeni nedir? Normal konuşma sırasında kişinin ağız kaslarını kontrol edebilmesi için kendi sesini duyabilmesi önemlidir. Daha önceki bölümlerde bahsettiğimiz gibi söz konusu işitme ve konuşma olduğunda beynin sol yarıküresi daha baskın bir şekilde kullanılmaktadır. Hatta erkekler sağ yarıküreyi daha baskın kullandığından bu konuda kadınlara göre daha başarısızdılar. Sonuç olarak konuşma sırasındaki kas hareketleri ve duyulan sesler beynin sol yarıküresinde karşılaştırılmaktadır.

Yapılan araştırmalar göstermiştir ki kekemelerde bu karşılaştırma ilginç bir şekilde tümüyle sağ yarıkürede yapılmaktadır. Yani sol yarıkürede yapması gereken bir işlevi sağ yarıkürede yaptıkları için kekemelerde kelimeler arasında kopukluklar olmaktadır. Diğer taraftan, son dönemde yapılan beyin görüntüleme çalışmaları enteresan bilgileri karşımıza çıkarmaya devam etmektedir. Buna göre normal bir konuşma sırasında, sol yarıküremizi baskın olarak kullanırken şarkı söyleme sırasında sağ yarıküremizi baskın bir şekilde kullanıyoruz. İşte tam da bu nedenle kekemeler, konuşma sırasında takılmalar yaşarken şarkı söyleme konusunda böyle bir sorun yaşamamaktadır. Tam dört dalda Oscar ödülünü almış ve dilimize "Zoraki Kral" olarak çevrilen "The King's Speech" filminde bu konu oldukça güzel biçimde işlenmiştir.

Yakın dönemde yapılan çalışmalar ile bu bulgular desteklenmiştir. Örneğin yapılan bir çalışmada, kişileri belirli bir frekansta ses çıkaran bir metronom başına oturttular. Deneye katılan gönüllülerden istenilen şey çok basitti. Tek yapmaları gereken metronomdan gelen ses ile aynı ritimde parmaklarını masaya vuracaklardı. Bu arada, araştırmacılar deneyi yaptıkları sırada transkraniyal manyetik uyarı oluşturan bir cihaz kullanmışlardır. Bu cihazı kafanızda bir bölgeye doğru tutarsanız beynin o bölgesindeki aktiviteyi geçici bir süre baskılayabilirsiniz. Böylece kişi, o bölgenin sorumlu olduğu görevi geçici bir süre yerine getiremez. Çalışma boyunca herhangi bir konuşma bozukluğu olmayan gönüllüler ve kekeme katılımcılar kullanılmıştır.

Deneyler sırasında transkraniyal manyetik uyaranı katılımcıların kafasının sol tarafına uyguladıklarında herhangi bir konuşma bozukluğu olmayan sağlam kişiler metronomdan gelen ritimle aynı olacak şekilde parmaklarını masaya vuramıyorlardı. Çünkü sağlam kişiler metronomun sesini normalde sol taraf baskın bir şekilde duyacaklardı. Ama kafanın sol tarafına tutulan cihaz nedeniyle beynin sol kısmı geçici bir süre çalışmadığından bu kişiler, metronom ses çıkarmasına rağmen parmaklarını oynatamamışlardır. İlginç bir şekilde bu deneyi kekeme kişilerde yaptıklarında bu kişiler çok rahat bir şekilde metronomdan gelen sese uyacak şekilde parmaklarını masaya vurabiliyorlardı. Çünkü bu cihaz geçici bir süre beyinlerinin sol tarafını baskılamıştı ve yukarıda da bahsettiğim üzere kekemeler işitme konusunda sağ tarafı daha baskın kullandıklarından bu durumdan etkilenmemişlerdi. Deneyin tam tersini yapıp eğer bu cihazı kafanın sağ tarafına tutarsanız bu sefer kekemeler başarısız olurken normal kişiler görevi başarıyla yerine getiriyordu.

Önemli Olan Sayısı Değil İşlevi

Maymunlarda yapılan bazı çalışmalar bu durumun sadece insanlara özgü olmadığını göstermiştir. Nasıl ki insanda kız çocuklar daha erken konuşmaya başlıyorsa maymunlarda da dişiler ses çıkarmayı daha önce öğrenmektedirler. Ayrıca iletişim için kullandıkları ses tonları erkek maymunlardan daha fazladır. Tekrar yazımızın başındaki konuya dönecek olursak "Erkekler günde 7.000 kelime kullanır, kadınlar 20.000 kelime" gibi sonuçları çarpıtılmış araştırmaların yanında kullanılan günlük kelime sayıları ile ilgili birçok çalışma yapılmaktadır. Bu çalışmalar her ne kadar birbirinden farklı sonuçlar ortaya koysa da yakın dönemde yapılan popüler bir çalışmanın sonuçlarını sizlerle paylaşalım.

Arizona Üniversitesi'nden Matthias Mehl adlı bir bilim insanının 400 kolej öğrencisinde yaptığı çalışmada, kadınlar günde ortalama 16.215 kelime kullanırken erkeklerin 15.669 kelime kullandığı belirtilmiştir. Kadınlar erkeklere göre bir miktar daha fazla kelime kullansa da bulunan sonuçlar birbirinden 2-3 kat daha fazla gibi aşırılıklar içermemektedir.

Günlük kullanılan kelime sayısı o kadar popüler bir hâle geldi ki çeşitli çalışmalarda ortaya çıkan ilginç bir farklılık bu tartışmanın gölgesinde kaldı. Her ne kadar kelime sayıları ile ilgili çalışmalar arasında net bir tutarlık olmasa da birçok araştırma, konuşmanın içeriğindeki farklılık konusunda ortak sonuçlara ulaşmıştır. Örneğin çocuklarla yapılan bir araştırmada bu farklılık oldukça güzel özetlenmiştir. Araştırma ekibi bir çocuk yuvasına kameralar yerleştirerek çocukların gün boyunca birbirleriyle yaptıkları konuşmaları kaydetmişlerdir. Daha sonra görüntüleri inceleyerek kız ve erkek çocuklar arasında yapılan konuşmaların içerikleri arasındaki farklılıklara bakmışlardır. Sonuçları incelediğimizde erkek çocukların daha çok hiyerarşik bir dil kullandığını görmekteyiz. Kurduğu cümlelerde bile bir rekabet ve bir öne geçme tutkusu kendini göstermektedir. Örnek olarak araştırma sırasında, bir grup erkek çocuğun kendi aralarında yaptıkları konuşmaya kulak misafiri olalım.

Çocuklardan biri arkadaşlarına "Biz anne ve babamla bu hafta sonu bir günlüğüne Disneyland'e gittik" der. Yanındaki çocuk hemen lafa atlayarak "O da bir şey mi, biz iki günlüğüne gittik" der. Bir diğer çocuk "Biz bir haftalığına gittik" dedikten sonra sıradaki çocuk son noktayı koyarak "Biz oraya taşındık" der. Gördüğünüz üzere yapılan konuşmalarda yalan söylenerek sürekli bir derecelendirme içeren hiyerarşik cümleler kurulmaktadır. Peki, erkek çocuklar genel anlamda bu tarz konuşmalar yaparken kız çocuklar neler konuşmaktaydı? Gelin bir de kız sohbetine tanık olalım.

İki kız yan yana oturmaktadır. Her iki kızın elinde de oyuncak bebekleri bulunmaktadır. İlk kız kucağındaki oyuncak bebeği belirli bir ritimde sallayarak der ki "Benim ablamın ikiz çocukları var ve onlar beni çok seviyorlar" İkinci kız da diğeriyle ortak bir ritimde kucağındaki oyuncak bebeği sallarken karşılık olarak şu cevabı verir: "Benim ablamın da ikiz çocukları var. Onlar da beni çok seviyor." İkinci kız için şunu belirtmemiz lazım ki bırakın ikiz çocukları bu kızın ablası bile yoktur. Evin tek çocuğudur ve arkadaşının cümlesini duyduktan sonra o da erkeklerde olduğu gibi yalan söylemiştir. Ama ilginç bir şekilde, söylediği yalanda bir eşitlik kurmuştur. Yani "Benim ablamın üçüz çocukları var" dememiştir. Kız çocuklarının konuşma ve oyun davranışlarını yakından incelerseniz genelde eşitlik kurmaya yönelik olduğunu görürsünüz. Rekabet ve üstünlüğe dayalı oyunları daha çok erkekler tercih etmektedir.

Bu çalışma her ne kadar çocuklarda yapılmış olsa da hepimizin bildiği üzere büyüyünce de günlük hayatımızda değişen çok da fazla bir şey olmuyor. Örneğin "O da bir şey mi, benim başıma şu geldi" ya da "O değil de..." gibi bazı kalıplar erkeklerin söze girerken en sık kullandıkları hiyerarşik ifadelerdir. "O değil de..." yani senin anlattığın tırt, gel bir de bunu dinle hesabı.

Diğer taraftan kadın cümleleri ilişkilendirme ile ilgili olduğundan "Ne hissettiğini anlayabiliyorum, aynısı benim de başıma geldi" gibi cümleleri sıklıkla kullanırlar. Bu sayede konuştuğu kişi ile eşitlik kurmuş olur. Bir sonraki kısımda da göreceğimiz üzere bu davranış modeli empati kurulmasında oldukça etkili olmaktadır.

Bölüm 8

Duygusal Olmak Erkek Adamı Bozar mı?

Bulunduğun odadaki en zeki insan olman,
aslında sadece yanlış odada olduğunu gösterir.

Kız, yüzüne doğru bakmasa da oğlanın bir an tıkınmayı bırakıp kendisine doğru baktığını hissetmişti. Gözlerini oğlanın yüzüne çevirdiğinde ise oğlanın her zamanki gibi bir miktar açılan ağzının, herhangi bir cümle dışarı çıkamadan tekrar geri kapanmasını, bilmem kaçıncı kez izlemek zorunda kalmıştı. Oğlanın ağzını kapaması, çıkacak kelimeleri engellemiş olabilirdi ama kız, oğlanın yüzünü ve gözlerini okuyabiliyordu. İçinde yükselen öfke dalgasını kaçıncı kez bastırdığını hatırlamıyordu artık. Oğlan sanki hiçbir şey olmamış gibi bir de kızın yemeğine göz koymuştu. Öfkesinin hızla üzüntüye dönüşmesi, ağzında metalik bir tat oluşmasına neden olmuştu kızın. Bu tatla beraber birden eski günleri hatırladı. Önceleri oğlanın bu yüz ifadesini hemen anlar ve tabağındaki yemeği yemesi için onu zorlardı. Bu davranışının oğlanın çok hoşuna gittiğini biliyordu. Sonuçta oğlanın mutluluğunu görmek kız için yeterli oluyordu.

Hatıralar domino taşları gibiydi âdeta. Birini hatırlamak, peşinden bir diğerini getiriyordu. Şimdi nerede okuduğunu bile hatırlamadığı o cümle geldi birden kızın aklına. "Âşık olduğun insan kimseye benzemez ama geri kalan herkes ona benzer" diyordu cümlede. Oysa şu an karşısında sadece tıkınmakta olan, ruhsuz bir oğlan çocuğu vardı sanki. Tek derdi yemeğini bir an önce bitirip saçma sapan oyunlarına geri dönmek isteyen bir oğlan çocuğu. Kız, bir an gözlerini kapadı. Sanki ağzındaki metalik tadın sahibi olan demirden soğuk bir el, kalbini tutmuş ve yavaş yavaş sıkıştırıyordu. Artık acıya dayanamıyordu. Gözlerini açtı. Gördükleri karşısında bir gerçeği tüm hücreleriyle idrak etmişti. Oğlan artık genç kız için uyandığı güzel bir rüyaydı sadece. Tam bu sırada kızın sol gözünün kenarında birikmiş damlalardan biri ikiye ayrıldı. Damlanın bir yarısı kızın uzun kirpikleri ucun-

da her an boşluğa atlayacakmış gibi sınırda asılı beklerken bir diğeri hızla yanağından süzülerek önündeki tabağın içine düştü. Kirpikte asılı kalan damla ayrıldığı damlaya kavuşmak umuduyla tam kendini boşluğa bırakacakken kızın elinin bir hamlesiyle uzaklara süpürülüp yok oldu… (Devam edecek)

Yönetmenliğini Çağan Irmak'ın yaptığı 2008 yapımı "Issız Adam" filmi eminim birçok kişinin hafızasında farklı anılar bırakmıştır. Benim aklımda ise filme dair hatırlayabildiğim sadece iki görüntü kalmıştı. Bunlardan ilki, Ada isimli kızın okurken kaldığı yeri, sayfanın ucunu katlayarak işaretlediği İhsan Oktay Anar'ın muhteşem eseri "Puslu Kıtalar Atlası" olmuştu. Hani hiç tanımadığınız bir ortamda çok sevdiğiniz bir dostunuzu gördüğünüzde içiniz ısınır ve acayip mutlu olursunuz ya, işte filmde de tam bir saniye gözüken bu kitap kapağı aynı duyguyu yaşatmıştı bana. Aklımda kalan ikinci görüntü ise filmin sonuna doğru sinema salonundaki hemen hemen bütün kızların gözlerinden yaşlar akarken erkeklerin duygusal anlamda pek de etkilenmemiş hatta "Aman bitse de artık evimize gitsek" tavırlarıydı. Ne garip değil mi? Bir grup insanın gözünden yaşlar akarken diğerlerinin böyle bir duygu yaşamamasının sebebi ne olabilirdi?

Bildiğiniz üzere anlaşılamayan en klasik mevzulardan biridir. Erkekler kadınları aşırı duygusal olmakla suçlarken kadınlar erkekleri yeterince duygusal olmamakla suçlarlar. Peki, doğrusu nedir? Acaba ihtiyacımız olan tek şey bu ikisinin ortalaması mıdır? "Benimle Sesini Yükselterek Konuşma" başlıklı bölümde uzun uzun anlattığım şekilde, kadınlar ses tonlarını erkeklere göre çok daha geniş bir aralıkta analiz edebilmektedir. Buna ilaveten, benzer bir analiz yeteneği yüz okuma için de geçerlidir. Yazının ilerleyen bölümlerinde detaylarına değinmekle beraber en baştan okuyucuya şunu belirtelim. Dişi beyin yüz okuma ve ses analizi konusunda tek kelime ile mükemmeldir. Bu mükemmellik iki noktada kendisine büyük bir avantaj sağlayacaktır. Eğer saldırgan bir erkek size zarar vermeden önce onun ses ve yüz analizini hızlıca çözebilirseniz kendinizi koruma şansınız yükselecektir. Diğer taraftan, türümüzün sürekliliği açısından önemli bir konu olan bebek yetiştirme meselesi vardır. Kadınlar bu yetenekleri sayesinde karşısındaki bebek derdini anlatamasa da sadece yüzünden ve çıkardığı seslerden yola çıkarak bebeğin neye ihtiyacı olduğunu rahatlıkla anlayabilmektedir. İşte bu analiz yeteneği, dişi beyinlerin empati konusunda çok başarılı olmalarının altında yatan temel nedendir.

Erkek beyni bu konuda o kadar şanslı değildir. Yani karşısındaki kişinin o anki duygu durumunu anlamakta epey zorlanmaktadır. Hatta karşısındakinin duygularını okuyamama, sosyalleşme konusunda sıkıntı çekme gibi sorunların ortaya çıktığı otizm ve asperger sendromu gibi rahatsızlıklar erkeklerde kızlara oranla yaklaşık sekiz kat daha fazla görülmektedir. Bu konuda çok daha ilginç görüşler de ortaya atılmıştır. Bu görüşlerden en dikkat çekeni, Simon Baron Cohen adlı bilim insanına aittir. Cohen'e göre otizm rahatsızlığı erkek beyninin görülebilecek en uç hâlidir. Erkeğin empati konusundaki bu durumu, sosyal yaşam içerisinde bir takım sorunların çıkmasına neden olsa da bu bölümün sonunda da belirteceğim gibi aslında durum pek de dışarıdan göründüğü gibi değildir.

Empati Yaparken Beyni Görüntülemek

Empati kelimesi bir başkasının duygularını, içinde bulunduğu durumu ve motivasyonunu içselleştirerek anlamaya dayanan bir durumu ifade etmektedir. Empati yapmayı, olayları karşınızdaki kişinin yerine kendinizi koyarak yorumlamak şeklinde de ifade edebiliriz. Yukarıda da bahsettiğimiz üzere, söz konusu empati yapmak olunca kadınların bu konudaki başarısını gösteren birçok çalışma bulunmaktadır. Örneğin yapılan bir çalışmada, kadınların ellerine bir miktar elektrik verilerek acı çekmeleri sağlandı. Ardından deneye katılan kadınların eşlerine de elektrik verilip çekilen görüntüler kadınlara izlettirildi. Burada verilen elektriğin voltajının oldukça düşük olup sadece çok kısa süreli bir ağrı oluşturduğunu belirtelim. Kadınlar daha önce kendilerine verilen elektrik sırasında çektiği acının aynısını eşlerinin görüntülerini izlerken de hissetti. Hatta herhangi bir görüntü gösterilmeyip sadece eşlerine elektrik verildiğinin söylenmesi bile aynı acıyı hissetmelerine neden olmuştu. Diğer taraftan, erkekler için böyle bir durum ortaya çıkmamıştır. Görünen o ki kadında sadece durumu görmek ya da bilmek bile beyindeki ağrı devrelerinin etkili olmasına neden olmaktadır. Zaten bu nedenle aşk acısı yaşayan kadınlar, aslında bu acıyı fiziksel olarak da hissedebilmektedirler.

Kadın ve erkeklerin duygusal bir olay karşısında beyinlerinde oluşan reaksiyonları görebilmek meselenin anlaşılmasında oldukça yardımcı olacaktır. Örneğin oldukça iç acıtıcı bir fotoğraf düşünün. Savaşta evini ve ailesini kaybetmiş bir çocuk fotoğrafı olsun mesela. Bu fotoğrafa bakan erkek ve kadınların beyinlerinin içine bakabilseydik acaba nasıl bir manzara ile karşılaşırdık? Yani hem kadın hem de erkeğin beyninde aynı bölgeler mi aktifleşirdi? Çok şanslıyız çünkü bu konuda yapılmış çok güzel bir deney bulunmaktadır.

Son dönemde, teknolojide meydana gelen hızlı yükseliş, sinirbilim alanında da kendini göstermektedir. Artık bilim insanları olarak insan beyninde neler olduğunu beyni açmadan da görebilme şansımız var. Bu konuda farklı teknikler olmasına rağmen bahsedeceğimiz deneyde fMRI (işlevsel manyetik rezonans görüntüleme) adlı bir yöntem kullanılmıştır. Yöntemin uzun ve sıkıcı adı kafanızı karıştırmasın. Evdeki çamaşır makinanızın yaklaşık dört katı büyüklüğünde bir çamaşır makinası düşünün. Çamaşırlarınızı koyduğunuz kapağın olduğu yerde hareket eden bir sedye olduğunu varsayın. Sizi oraya yatırıp ekmeğin fırına verilişi gibi makinanın içine sokarlar. Bu arada, makinanın içi çamaşır makinasının içi gibi geniş değil, sadece sizi içine soktukları kapağın çevrelediği alan kadar bir alan düşünün. Doğal olarak böyle bir ortamda kendinizi biraz daralmış hissedebilirsiniz. Aletin içindeyken deney için sizden istenilenleri yaptığınız sırada, bilim insanları da beyninizdeki değişiklikleri önlerindeki ekranlar aracılığıyla izlemektedirler. Peki, ekranda tam olarak ne gözükmektedir?

Bahsedeceğim deneyde ekranda beynin dış hatları gözükmekte olup beynin neresi çalışıyorsa orayı ışıldayan renkler şeklinde görürsünüz. Eğer araştırdığınız beyin bölgesinde bir ışıldama yok ve burası karanlık ise bu durum, ilgili beyin bölgesinde bir aktivite olmadığını göstermektedir.

Deneyimize dönecek olursak kullanılan fMRI yöntemi oldukça karışık bir sisteme sahip olsa da yapılan deney çok basitti. Kişiler fMRI makinasının içine sokulup kendilerine çeşitli yüz ifadelerinin olduğu fotoğraflar gösterilmişti. Mutlu, üzgün, şaşkın, tiksinmiş, korkmuş gibi çeşitli duygu durumlarının kişinin yüzünden çok rahat anlaşılabildiği fotoğraflar kullanılmıştı. Sizin yapmanız gereken tek şey, size gösterilen fotoğraftaki kişinin duygu durumunun ne olduğunu söylemekti. Bu kişi mutlu mu, üzgün mü, tiksinmiş mi? Deney sırasında hem kadın hem de erkeğe aynı fotoğraflar gösterilmişti. Sonuçlara baktığımızda kadın ve erkeğin deney süresince gösterilen fotoğraflara verdikleri sözlü cevaplar tümüyle aynıydı. Yani her ikisi de kendilerine gösterilen fotoğraflardaki yüz ifadelerini aynı başarı ile tanımlamışlardı. Tümüyle aynı cevapları verdiklerine göre muhtemelen hem kadın hem de erkeğin beyninde aynı bölgeler kullanılmış olmalıydı. Peki, sonuçlar gerçekten böyle miydi?

Gelin, kadın ve erkeğin beyin görüntülerine daha yakından bakalım. Görüntülere baktığımızda hem kadın hem de erkeğin beyinlerinin arka tarafındaki kısımlarında renkli ışıldamalar görüyoruz. Beyinde, görmeden sorumlu olan arka taraftaki bu parlaklıklar, bize her iki cinsiyetin de fotoğrafı görebildiklerini göstermekteydi. Beynin yorumlama ve konuşmadan sorumlu merkezlerinde de yine hem kadın hem de erkek için benzer ışıldamalar söz konusuydu. Fakat erkek ve kadının beyin görüntülerinin arasında, konunun uzmanı olmayan bir kişinin bile çok rahat görebileceği bir fark bulunmaktaydı. Kadının beyninin ortasında oldukça geniş bir bölge ışıl ışıl bir renkle parlarken erkeğin beyninin ortasındaki aynı bölge zifiri karanlıktı. Yani kendilerine gösterilen fotoğraflar için tümüyle aynı cevapları vermiş olsalar da kadının beyninde fazladan bir bölge daha çalışıyordu. Okuyucuya şunu belirtelim. Kadında ışıl ışıl parlayıp erkekte karanlık olan bu bölgenin adı limbik alandı. Her ne kadar "limbik" gibi komik bir ismi olsa da burası birçok hayati görevden sorumlu önemli bir bölgedir. Tümüyle istemimizden bağımsız, kendi kafasına göre çalışan bu bölge, aynı zamanda duyguların merkezinin de bulunduğu yerdir.

İşte kadın ve erkek beyni arasında oluşan empati farkının nedeni, kadında ışıl ışıl yanan ama erkekte kapkaranlık olan bu bölgeydi. Yani söz konusu empati olduğunda erkekte ilgili bölgede elektrikler gitmişti.

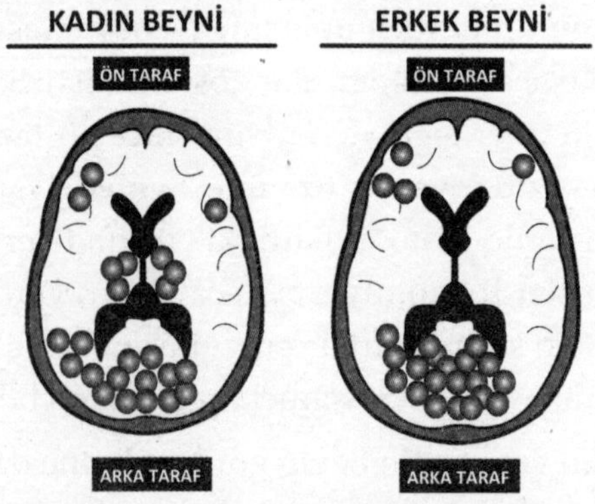

Beynin üstten görünüşü. Beyinde aktif olan kısımlar gri toplar şeklinde gösterilmiştir.

Peki, bu fark tam olarak ne ifade ediyordu? Şöyle anlatalım. Diyelim ki bir kadına üzgün birinin fotoğrafını gösterdiniz. Kadın fotoğrafta gördüğü kişinin üzgün olduğunu söylerken limbik alanı ışıl ışıl yandığından dolayı kendisi de bir miktar üzülüyordu. Yani doğrudan fotoğraftaki kişi ile arasında bir empati kuruyordu. Oysa aynı üzgün kişinin fotoğrafını erkeğe gösterdiğimizde erkek bu kişinin üzgün olduğunu söyleyecek ama limbik alanı zifiri karanlık olduğu için herhangi bir üzüntü hissetmeyecekti.

Yukarıdaki deneyin bize gösterdiği önemli bir bilgi bulunmaktadır. Burada hangi cinsiyetin davranışının doğru, hangisinin yanlış olduğu gibi bir karşılaştırmaya gitmek anlamsızdır. Çünkü yukarıda da söylediğim gibi limbik alan istem dışı, bağımsız hareket edebilen bir bölgedir. Yani sergilenen farklı davranış modelleri, bilinçli ya da istemli olarak yapılmamaktadır. O nedenle sevgili kadınlar, bir erkeği ruhsuz diye tanımlamadan önce bu bilgiyi tekrardan hatırlamakta fayda var. Aslında erkekte bu bölgenin karanlık olmasının insanlık açısından ne kadar önemli olduğunu ilerleyen bölümde göreceksiniz.

Erkek Adam Çocuk Bakar mı?

Gündelik hayatımızda bizler çok farkında olamasak da yukarıda anlattığıma benzer temel farklılıklar davranışlarımıza işlemektedir. Örneğin dişi beynin empati konusunda daha yetenekli olması çocuklarla daha yakından ilgilenmesinin en temel nedenidir. Bu farkların davranışlarımıza nasıl yansıdığı ile ilgili bir başka deneyde bekâr olan ve daha önce çocuk bakımı ile hiç ilgilenmemiş kadın ve erkek gönüllüler kullanılmıştır. Gönüllüler, ortasında masa benzeri bir platform bulunan boş bir odaya alınmıştı. Masanın üzerinde bir bebek bulunmaktaydı ve deney ekibinin gönüllülerden tek isteği bebeğin bezini değiştirmeleriydi. Kadınlar da erkekler de bir şekilde bebeğin altını değiştirerek görevlerini tamamladılar. Özellikle erkekler bebeğin bezini değiştirirken sanki nükleer bir atığa dokunuyormuş gibi davransa da bu süreci bebeğe herhangi bir zarar vermeden başarıyla tamamlamışlardı. Peki, her iki cinsiyet de bu görev sırasında tümüyle aynı şekilde mi davranmıştı?

Aslında kadın ve erkek gönüllüler arasında farklılığı oluşturan kavram deney bitiminde ortaya çıkmıştı. Bebeğin bezini değiştirme görevini tamamlayan tüm erkekler deney ekibine dönüp "yapacak başka bir görevleri olup olmadığını" sordular. Deney ekibinden, yapmaları gereken başka bir görev olmadığını duyan tüm erkekler arkasına bile bakmadan odadan çıkmışlardı. Diğer taraftan kadınlar, bebeğin altını değiştirdikten hemen sonra deney ekibinin bu tarz bir talebi olmamasına rağmen bebekleri kucaklarına alıp bir süre bebekle oynayıp onu sevmişlerdi. Görevi tamamlamış olsalar da bebek ile iletişim kurup duygu paylaşımı yapmayı ihmal etmemişlerdi. Bu arada deneydeki kadın gönüllülerin hiçbirinin anne olmadığını tekrar vurgulayalım.

Şimdi bu bilgi doğrultusunda erkeklerin nasıl davrandığına tekrar bakalım. Erkeklerin hepsi ne yapmıştı? "Benim işim tamam değil mi" diye sorarak odayı terk etmişti. Sanki masanın üzerinde canlı bir bebek değil de çanta varmış gibi.

Madem bu kadar bebeklerden bahsettik, yeni çocuğu olmuş evli çiftlerde yaşanan ciddi bir tartışma konusuna değinmeden de geçmeyelim. Aslında çocuk bakımı meselesi yakın dönemde daha aktif bir şekilde tartışılmaya başlansa da yıllar boyunca sadece kadınların görevi olan bir konuymuş gibi görüldü. Erkeğin bu işten asla anlamayacağına inanıldı. Zamanla modern toplumun oluşturduğu dinamizm doğrultusunda bu bakış açısında ciddi iyileşmeler meydana gelmiştir. İstatistiksel olarak baktığımızda Amerikan toplumunda bir babanın çocuğu ile haftada geçirdiği ortalama süre 1965 yılında 2,6 saat iken, bu rakam 2000'li yıllarda 6,5 saate çıkmıştır. Neredeyse üç kata yakın bir artış söz konusudur. Peki, bu artış yeterli miydi? Günümüzde kadınların bu konuda hâlâ şikâyetçi olduklarını görmemiz, aslında sorumuza bir cevap vermektedir. Ülkemizde de kadınların en temel şikâyetleri kocalarının çocuklarıyla hiç ilgilenmemeleridir. Peki, bu konuda ne kadar haklılar? Sizce erkek adam çocuk bakabilir mi?

Aslında bu noktada en baştan belirtmemiz gereken mesele, söz konusu çocuk yetiştirme olduğunda anne ve babaların kendilerine has rollerinin olduğudur. Örneklerle bu meseleyi biraz daha açalım. Mesela yeni çocuk sahibi olmuş hemen her çiftin başına gelen bir olayı ele alalım. Bu çiftimizin 3-4 aylık bir bebeği olduğunu varsayalım. Her bebeğin olduğu gibi bu bebeğin de en büyük özelliği uykunun en tatlı olduğu saatlerde anne babasını uyandırmak olacaktır. Siz tam derin uykunun kıyılarında dolaşırken bir anda ağlama sesi odanın içinde yankılanır. Büyük bir olasılıkla önce anne uyanacaktır. Muhtemelen babayı uyandıran şey, bebeğin ağlaması değil kendisini dürten annenin ta kendisi olacaktır. "Rıfat kalk, bebeği sustur." Komutu alan Rıfat'ın iş birliğine oldukça açık bir eş olduğunu varsayarsak tam burada filmi durduralım ve şu soruyu soralım: Rıfat o bebeği susturabilir mi?

Filmimizi burada durdurmanın verdiği rahatlıkla bir meseleyi açıklığa kavuşturalım. Yukarıdaki durumun daha net anlaşılabilmesi için oldukça ilginç sonuçları olan şu araştırmaya bir göz atmakta fayda var. Sekiz haftalık bebeklerde yapılan bu araştırmada bebeklerin üzerlerine kalp hızlarını ve solunum sayılarını ölçen aletler yerleştirilmişti. Bu aletler sayesinde bebeğin ne zaman heyecanlanıp ne zaman sakinleştiğini görebiliyordunuz.

Örneğin aletler kalp hızı ve solunum sayısının arttığını gösteriyorsa bu durum bebeğin heyecanlandığı anlamına gelmekteydi. Deney sırasında bebekler bu hâldeyken annelerinin kucaklarına verildi. Bebek, annesinin kucağına konulduğu zaman üzerindeki aletler sayesinde, kalp hızının ve solunum sayısının azaldığını görüyoruz. Yani bebek âdeta derin bir "*ohhh*" çekerek annesinin kucağında sakinliğin doruklarına ulaşmaktadır. Daha sonra bu bebekler annelerin kucağından alınıp sessizce babalarının kucağına verildiği zaman, oldukça ilginç bir şekilde, bebeğin kalp hızının ve solunum sayısının arttığını görüyoruz. Yani bebek babasının kucağına konulduğunda ortada hiçbir şey olmamasına rağmen heyecanlanmaktadır. Eminim ki o bebek orada bir süre dursa baba onu heyecanlandıracak bir şey kesinlikle yapacaktır. Ama benim asıl merak ettiğim, baba böyle bir şey yapmamasına rağmen sekiz haftalık bir bebek başına gelecekleri nereden bilmektedir?

Derdimi daha iyi anlatmak adına deneyi falan unutup kendi hayatımızdan örnek verelim. Mesela bir ev ziyaretine gittiniz ve evde inanılmaz şirin bir bebek var. Şimdi bu bebeği bir erkeğin eline verirsek ne olur? Aslında cevap basittir. Çünkü hemen hemen tüm toplumlarda erkeklerin eline bebek verildiğinde yapacağı şey aynıdır. Erkekler muhtemelen eline verilen bebek ile ne yapacağını bilmediğinden bebeği havaya atıp tutarlar. Kimileri bunu abartırken kimileri daha küçük ölçekte yapar ama bu durum, bebeğin havalandığı gerçeğini değiştirmez. Zira çocuk her havalandığında annenin yüreği ağzına gelir "Acaba bu sefer düşürecek mi" diye. Çocuğa baktığımızda ise "ağlasam mı" "gülsem mi" ya da "ne yapabilirim ki" duygularının karışımı bir surat ifadesiyle oldukça şaşkın bir şekilde, havalanıp indiğini görürsünüz. Şimdi, bu durum daha önce defalarca gözlemlediğimiz bir sahne olduğu için ne var ki bunda abartacak diyebilirsiniz. Ama gerçekten deneyimlerinizden arınarak bir düşünün lütfen. Sizce de çok saçma değil mi? Mesela gittiğiniz evde elinize çok değerli olduğu belirtilmiş bir vazo verilse o vazoyu havaya atıp tutar mısınız?

Peki, babalar niye böyle bir davranış sergilemektedirler? Çocuklarını korkutmaktan sadistçe bir zevk mi almaktadırlar? Daha da önemlisi, yukarıda sekiz haftalık bebeklerde yapılan çalışmada da gösterildiği gibi bebek başına bunların geleceğini nereden biliyor da çok daha öncesinden heyecanlanmaya başlıyor? Sevgili okuyucu, bu durum oldukça açık bir şekilde bizlere anne ve babanın çocuk yetiştirmedeki rollerinin aslında birbirlerinden ne kadar farklı olduğunu göstermektedir. Örneğin bir annenin çocuğuyla geçirdiği zamanlara bir göz atalım. Dikkat edin anne çocuğu ile sürekli bir konuşma hâlindedir. Yemek yedirirken "Bak bak uçak geliyor aç ağzını bakayım", evde yürüme denemeleri yapılırken "Hadi şimdi mutfağa doğru atta yapalım" ya da uyumaya giderken "Babası biz uyumaya gidiyoruz, hadi baş baş yap babaya" gibi sayısız örnek verebiliriz. Baba bu sırada muhtemelen refleksel bir şekilde sadece kafa sallayacağından, istemeden de olsa uykuya giden çocuğuna "baş baş" yapmış olacaktır. Sevgili okuyucu, her ne kadar saçma sapan ifadelerden oluşsa da annelerin bu davranış modeli, çocuğun sözel becerileri ve dil gelişimi için inanılmaz önemlidir. İşte bu nedenle, anneler ninniler söyler ve çocuğuyla sürekli konuşma hâlindedirler. Üstelik bunu daha önce planladığından dolayı değil, içinden geldiği için yapmaktadır. Bu bilgi âdeta genlerine kodlanmış ve oldukça normal bir davranış şeklinde kendini göstermektedir.

Diğer taraftan babalara baktığımızda babaların çocukları ile asla konuşmadığını görürsünüz. Çünkü babanın görevi, çocuğuna liderlik, meydan okuma gibi özellikleri kazandırmaktır. Bu nedenle baba ve çocuk oyunları heyecanın fazla, kelimelerin az olduğu oyunlardır. Bu oyunlarda babalar sıklıkla fiziksel risklere karşı çocukları zorlayıcı bir tavır takınırlar. Mesela çocuklarını belirli bir yüksekliğe çıkarıp oradan aşağı atlamalarını isterler. Atlamaktan korkan çocuğunu daha da cesaretlendirmek adına "Atlasana oğlum, Sami'nin oğlu atlamış sen de atlayacaksın" gibi hiyerarşik cümleler kurarlar. Eğer çocuk inat edip atlamazsa onu aşağıya atma potansiyeli taşıdığını bile söyleyebilirim. Bu doğrultuda baba ile oynanan oyunların sürprize açık oluşu, çocukların da oldukça ilgisini çekmektedir. O nedenle henüz bir yaşına gelmemiş bir bebek bile babasının üzerine tırmanıp onu devirmeye çalışır.

Burada unutmamanız gereken en önemli nokta, baba çocuğunun ileride meydan okuma, lider olma ve daha cesur davranma özelliklerini öne çıkarmak için böyle bir tavır sergilemektedir. Annede olduğu gibi baba da bunu bilinçli bir şekilde yapmamaktadır. Yapılan uzun dönemli çalışmalar, çocukken babasıyla itiş kakış oyunlar oynayan çocukların ileride daha öz güvenli çocuklar olduğunu göstermiştir. İşte, tam da bu içeriden bir yerlerden gelen hisler nedeniyle baba, eline verilen bebeği havaya atıp tutmaktadır. Çünkü babanın çocuk yetiştirmedeki ana görevi budur.

Şimdi bu bilgiler doğrultusunda, durdurduğumuz filme tekrar dönelim; Rıfat o çocuğu susturabilir mi?

Hatırlayacak olursak bebeğimiz uykunun en güzel bölümünde ağlamıştı ve annemiz Rıfat'ı uyandırarak çocuğu susturmasını istemişti. Şimdi, yukarıda anlatılanların ışığında tekrar düşünelim. Normal koşullarda bile babasının kucağında heyecanlanan bir bebeği susturmada Rıfat'ın çekeceği işkenceyi siz düşünün artık. Muhtemelen annenin basitçe ve çok daha kısa sürede becerebileceği bir iş için Rıfat epeyce zaman ve emek harcayacaktır. Sonuç olarak tüm bu bilgiler ışığında, çiftlerimize şunu söylemekte fayda var. Anne ve babanın çocuk yetiştirmede kendilerine özgü yöntemleri ve katacakları değerler vardır. Doğal olarak bu ayrımın farkına varıp buna uygun bir iş bölümü hem çocuk hem de anne baba açısından oldukça kolaylaştırıcı olacaktır.

Beynin Hamilelikle İmtihanı

Hamilelik ve doğum, anne beyninde bir sürü değişikliğin yaşandığı oldukça enteresan bir süreçtir. Bu süreç doğrultusunda anne, mental açıdan birçok yeteneğe sahip olmaktadır. Bunların çoğu, yavrusunu kollamak ve gözlemlemek üzerine gelişen yetenekler olarak karşımıza çıkmaktadır. Diğer önemli etkilerden biri de oksitosin adlı bir hormonunun varlığında gelişir. Bu hormon, doğum sırasında rahim kaslarının kasılmasını uyararak doğumu kolaylaştırır. Doğum sonrasında ise bebeğin, annesinin memesini emmesi sonucu oluşan bir refleks aracılığıyla dolaşıma giren oksitosin, sütün salıverilmesini kolaylaştırmaktadır. Yakın dönemde yapılan birçok çalışma, oksitosin hormonunun bağlılık ve sadakat konularında da rol oynadığını göstermiştir. Eğer bir kişiye oksitosin salgılatabilirseniz o kişiyi kendinize oldukça kuvvetli bağlarla bağlamış olursunuz. Zaten bu bilgi yüzünden, tüm koku sektörü bu hormonun etkisini taklit edecek bir sistem keşfetmeye çalışıyorlar. Burada şöyle ilginç bir durum da söz konusudur. Bebeğin annesini emme sırasında salgılanan oksitosin, anne ve bebek arasında kuvvetli bir bağın oluşmasına neden olmaktadır. Bu nedenle annelik güdüsünün kuvvetli devam edebilmesi için fiziksel temas çok önemlidir. Örneğin yapılan bir çalışmada, meme uçları hissizleştirilen farelerin annelik bağlarının azaldığı gözlenmiştir. Bu nedenle bebek, annesini ne kadar emerse ve temasta bulunursa aralarındaki bağ o kadar kuvvetlenecektir. Bu arada dokunmanın ve sarılmanın da oksitosin salgılattığına dair araştırmalar bulunmaktadır. Bu nedenle temas ve sarılma, aranızdaki bağı güçlendirmede önemli rol oynamaktadır.

Sevgili erkekler, hamilelik aktif bir şekilde annede gerçekleştiği için babada pek bir değişiklik olmayacağını düşünebilirsiniz. Ama inanın bu düşüncede yanılıyor olabilirsiniz. Çünkü eşleri hamile olan erkeklerde sırt ağrısı, yorgunluk, depresyon ve kilo alımı gibi şikâyetlere sıklıkla rastlanmaktadır. İşin garip tarafı bu şikâyetler doğum sonrasında kendiliğinden ortadan kalkmaktadır. Peki, bu durum bir tesadüf müdür acaba? Aslına bakarsanız dünya genelinde eşleri hamile olan erkeklerde %65 gibi yüksek bir oranla Kuvad (Couvade) Sendromu adı verilen bir durum görülmektedir. Konuyla ilgili yapılan araştırmalarda, hamilelik döneminde erkeklerde iki hormonun miktarlarının değiştiği gözlenmiştir. Bu hormonlardan ilki testosterondur. Araştırmacılar, doğuma yaklaşık 1 ay kala erkeklerde testosteron hormonunun yaklaşık %30 oranında azaldığını tespit etmişlerdir.

Azalan testosteron seviyeleri, erkeklerin şiddete ve cinselliğe daha az ilgi duymasına neden olmaktadır. Bir diğer hormon ise prolaktin hormonudur. Süt salgılama ve beslenmede rol oynayan bu hormon, eşi hamile olan erkeklerde %20 oranında artış göstermektedir. Her iki hormonun etkisiyle ortaya çıkan bu değişiklikler, babanın gerek eşi gerek çocuğu üzerine kurduğu empati yeteneğinin artmasını sağlamaktadır. Ama ne yazık ki değişen bu hormon miktarları, doğumdan yaklaşık iki ay sonra eski seviyelerine dönmeye başlamaktadır. Annede yaşanan gebelik olayının babayı nasıl etkileyebildiği sorusu ise hâlen tam olarak açıklanabilmiş değildir. Araştırmacılar, bunun altında yatan en önemli dinamiğin, gebelik sırasında annenin salgıladığı feromonlar olabileceğini düşünmektedirler. Kısaca, kokusuz koku molekülleri olarak tanımlayabileceğimiz feromonların etki mekanizmaları ileriki bölümlerde detaylı bir şekilde paylaşılacaktır.

Neyin Var Hayatım?

Şu ana kadar yazılanları okuduğunuzda kadınların empati yapma konusunda erkeklere nazaran ne kadar yetenekli olduğuna dair bir şüpheniz kalmamıştır umarım. Bunun altında yatan en önemli dinamiğin, kadının ses değişikleri ve yüz durumunu analiz edebilmedeki müthiş yeteneğinden kaynaklandığını tekrar hatırlatalım. Bu yetenekleri sayesinde sizi görür görmez analiz ederler. Gerilen yüz kaslarınız, sıktığınız dudaklarınız ve ses tonunuzdaki değişiklikler dişi beyinler tarafından hemen fark edilir. Biz erkeklerin duymaktan çok da haz etmediğimiz bir cümle vardır ya hani "Neyin var Hilmi, ne oldu" diye. Aslında kadın Hilmi içeri girer girmez ses tonu ve yüz şekillerinden ne olduğunu o kadar hızlı analiz ediyor ki muhtemelen Hilmi bile henüz kendisiyle ilgili ne olduğunun farkında değildir. Kadınların bu yeteneklerini, erkekler olarak "Çok üstüme düşüyorsun" diye genellikle reddetme eğilimi gösteririz. Çünkü benzer bir yeteneğe sahip olmadığımız için asıl noktayı bir türlü yakalayamayız. Peki, bu durumda bir erkek karşısındaki kişide bir problem olduğunu ne zaman ve nasıl anlamaktadır?

Sevgili kadınlar bu noktada ne yazık ki size güzel haberler veremeyeceğim. Çünkü tipik bir erkek beyni her türlü duygusal ifadeyi görmezden gelme üzerine kuruludur. Bunun temelinde ses tonu ve yüz ifadelerindeki değişikleri algılamak konusundaki yeteneksizliği bulunmaktadır. O nedenle bir erkek ancak karşısındakinin gözünden yaşlar geldiğinde duruma uyanır ve ortada bir sorun olduğunun farkına varır. Belki de erkekler yolunda gitmeyen durumları daha erken algılayabilseydi, evrimsel olarak kadınlar erkeklere göre daha sık ve kolay ağlamayacaklardı.

Peki, şimdi ortada ağlayan bir kadın var diyelim. Bu kadınla konuşacak iki kişi olsun, Hilmi ve Pelin'in ağlayan bir kadının sorununu çözmeye yönelik davranışları arasında fark olacak mıdır sizce? Tüm bu anlattıklarımız doğrultusunda cevabınızın "evet" olduğunu duyar gibiyim. Ama burada vurgulanması gereken çok ama çok önemli bir konu var. Hatta bu mesele yüzünden birçok iyi niyetli erkek boşu boşuna azar işitmektedir. Gelin bu meseleyi kökten çözelim ve erkekler artık bu konuda mağdur olmasınlar lütfen.

"Beni hiç anlamıyorsun!" Meselesi

Sevgilisinden "Beni hiç anlamıyorsun" sözünü duymayan kaç erkek vardır acaba evrende? Muhtemelen bir erkeğin hayatı boyunca bu cümleyi duyma sayısı, bu cümleyi hayatında hiç duymayan erkek sayısından fazladır. Şimdi, yukarıda anlattıklarımız doğrultusunda erkeklerin bir şeyleri anlamakta ne kadar zorlandığını hep beraber gördük. Ama "hiç anlamıyorsun" demek biraz haksızlık olur. Aslında bu yanlış anlaşılmanın altında, erkeklerin zaten az olan empati yeteneklerini kullanırken kadınlardan farklı bir yol izlemesi yatmaktadır. Peki, erkek bunu nasıl başarmaktadır?

Yapılan araştırmalarda, empati sırasında beyinlerimizde eş zamanlı çalışan ve birbirleriyle bağlantılı iki farklı sistemin olduğu gösterilmiştir. Bunlardan ilki beynimizde bir grup sinir hücresinin kendi aralarında bağlantılar kurarak oluşturduğu ayna nöron sistemidir (ANS). Empati yapacağınız zaman ANS bağlantılarını kullandığınızda karşınızdakinin duygu durumunu kendiniz de yaşarsınız. Özetle, empati yaparken ANS'yi ne kadar çok kullanırsanız karşınızdakinin duygusunu o denli yoğun hissedersiniz. Diğer bir sistem ise ANS'den farklı sinir hücreleri tarafından oluşturulmuş, temporoparietal bağlantı sistemi (TBS) adını verdiğimiz bir yapıdır. TBS sayesinde karşımızdaki kişinin sorununu hissederiz ama bunu yoğun bir şekilde yaşamayıp tüm enerjimizi bu sorunu ortadan kaldıracak çözüm yollarını bulmaya harcarız. Her iki sistem de birbirleriyle sıkı ilişki içinde olan farklı bağlantılardan oluşmaktadır.

Özetle ANS, karşınızdakinin hislerini kendinizde hissetmenize neden olan "duygusal empatiden" sorumluyken; TBS, karşınızdaki kişinin sorununu çözmek için yollar arayan "bilişsel empatiden" sorumludur. İşin ilginç tarafı, empati sırasında erkek beyni ağırlıkla TBS'yi kullanırken dişi beyin daha çok ANS'yi kullanmaktadır. Doğal olarak birbirinden farklı sistemleri kullandığımız için karşımızda ağlayan bir kadına vereceğimiz tepkiler tümüyle birbirinden farklı olmaktadır. Gelin ağlayan bir kadın karşısında önce Hilmi'nin beyninde neler olacak ona bir göz atalım.

Sevgili erkek okurlar, diyelim ki Hilmi'nin eşi iş yerinde bir problem yaşamış. Eve geldiğinde gerek kullandığı ses tonu gerekse de yüz ve vücut ifadeleri ile bunu oldukça açık ifade etse de Hilmi bunu anlayamayacak ve tuttuğu takımın antrenmanında çıkan kavga ile ilgili haberi okumaya devam edecektir. Hilmi'nin başını bu haberden kaldırabilecek tek güç gözyaşı olacağından, kadın nihayetinde "Beni hiç anlamıyorsun" diye ağlamaya başlayacaktır. Kadının ağlaması sonucu gerekli sinyal Hilmi'ye ulaşmıştır artık. Ortada bir sorun var ve Hilmi'nin bunu çözmesi gerekmektedir. Derin bir nefes alan Hilmi, beynindeki çalışması gereken tüm şalterleri kaldırıp eşinin yanına gider ve hiç bitmeyeceğini düşündüğü bir "Pınar ne oldu" süreci başlar.

Oldukça uzun bir zaman alan bu hayata döndürme operasyonun ardından kadın konuşmaya başladığında Hilmi anlamıştır ki mesele iş yerinde yaşanan bir tatsızlıktan kaynaklanıyor. İşte tam bu noktada Hilmi'nin beynine baktığımızda "duygusal empatiden" sorumlu ANS'nin oldukça kısa bir süre çalıştığını görüyoruz. Böylece Hilmi, karşısındaki kadının yüzünde gördüğü duygusal acıyı çok kısa bir süre hisseder. Daha sonra TBS hızla Hilmi'nin beyninde devreye girerek çözüm bulmada oldukça önemli rol oynayan "bilişsel empatiyi" çalıştırmış olur. TBS bir kere aktif olduğunda artık eşinin hissettiği acı Hilmi için çok büyük bir önem oluşturmayacaktır. Çünkü Hilmi konuyu anlamıştır ve onun için önemli olan, üreteceği analitik çözümdür. Hilmi'nin beyninde tüm bu çözüm arayışı sürerken kadın gözyaşları eşliğinde kendisine yapılan haksızlığı anlatmaya devam etmektedir.

Sevgili erkekler, bu bölümün başından beri vurguladığım bir konu var. Kadınlar yüz analizi konusunda müthiştirler. Şimdi Hilmi'nin beyninde TBS aktif olup da kendisi çözüm odaklı düşünmeye dalıp gittiğinde kadın bunu karşısındakinin yüz ifadesinde çok net görebilir. Doğal olarak bu gözlemi yanlış yorumlayıp Hilmi'nin onu dinlemediğini hissediyor ve giderek Hilmi'ye daha fazla gıcık olmaya başlıyor. Aslında tespiti doğru, Hilmi onu dinlemiyor. Ama sonuçta beyninin tüm kapasitesini eşinin sorununun çözümü için harcıyor. Tek sorun kadın bunun farkında değil. Hatta Hilmi, bulduğu bazı çözümlerden o kadar hoşlanıyor ki karşısında derdini anlatan eşinin sözünü kesip ona çözüm önerilerini anlatmaya başlıyor. Hatta bulduğu çözüm yönteminin verdiği gurur Hilmi'nin yüz kaslarına nüfuz edince kadının gözünden asla kaçmayacak bir tebessüme dönüşüyor. İşte, kıyamet tam bu noktada kopuyor. Zaten yeterince gergin olan kadın, karşısında kendisini dinlemeyen, sözünü olmadık yerde kesen hatta bunlar da yetmezmiş gibi gülümseyen Hilmi canavarını gördüğünde iyice deliriyor ve olay korkunç bir kısır döngüye dönüşüyor.

Yani sevgili Hilmi, senin bu iyi niyetli çabaların eşin tarafından aslında onu umursamadığın ve geçici cevaplar verdiğin şeklinde algılanacaktır. Peki, ağlayan bu kadın karşısında Pelin olsaydı ne olurdu? Sevgili Hilmi, lütfen Pelin'i iyi seyret. Öğreneceğin çok şey yok. Tek bir şey var.

Şimdi, Hilmi'nin eşi iş yerinde bir tatsızlık yaşadı ve eve gelmeden önce yakın kız arkadaşı Pelin'in yanına uğradı. Öncelikle Pelin, sorunu algılamada Hilmi'den daha yetenekli olduğundan kadını görür görmez bir derdi olduğunu anlayıp ona ne olduğunu soracaktır. Hilmi'nin eşi de başlayacak derdini anlatmaya. Gelin şimdi de Pelin'in beynine bir göz atalım. Pelin'in beyninde aynen Hilmi'nin beyninde olduğu gibi önce ANS çalışacaktır. ANS çalıştığından, doğal olarak karşısındakinin acısını hissedecektir. Hatırlayacak olursak Hilmi ANS'de çok kısa kalıp hemen TBS'ye geçmişti. İşin ilginç tarafı da burada başlıyor. Zira Pelin'in beynine baktığımızda TBS'ye hiç girmeyip ANS'de kaldığını görüyoruz. Sonuç olarak karşısında ağlayan kadını dinleyen Pelin'in çözüm bulma gibi bir derdi yoktur. Çünkü bilişsel empati için gerekli olan TBS'ye hiç girmemiştir bile. Tek yaptığı kafasını belirli bir açıda eğip ağlayan kadını lafı bitene kadar dinlemek olacaktır. Bir de arada söylenenleri kafa sallayarak onaylamak ve "gerçekten mi" diyerek olayın ne kadar önemli olduğunun altını çizmek. Peki, bu sırada ağlayan kadın ne görüyor? Karşısında kendisini dinleyen, sözünü kesmeyen ve hissettiği acıyı paylaşan Pelin'in yüzünü görüyor ve bu gördüğü yüz onun rahatlamasına neden oluyor.

Gördüğün üzere sevgili Hilmi, iyi niyetle sorunu çözmeye çalışman sorunun kendisi oluyordu garip bir şekilde. Hâlbuki Pelin hiçbir şey yapmıyordu ve tüm övgüyü o alıyordu. Bu sana haksızlık gibi gelebilir ama hayat nerede adalet sağlamış ki burada bulacaksın. O nedenle sevgili Hilmi, sana olan tavsiyemi üzerine basa basa son kez söylüyorum. Ne zaman karşına ağlayan biri gelse tek yapman gereken başını hafifçe yana eğip belirli bir frekansta sallamak, arada bir de "gerçekten mi" demek. Biliyorum, karşındaki kişi derdini anlatırken aklına müthiş fikirler gelecek sorunu çözmek için ama ne olur ağzını kapalı tut, tüm çözüm yöntemlerini unut ve sadece onu dinle sevgili Hilmi. Daha sonraları ortalık sakinleştiğinde yine fikrini söylersin. Meraklanma o müthiş fikrin boşa gitmez. Ama zamanı gelince lütfen!

Son sözüm de sana, adını bile bilmediğim Hilmi'nin eşi. Bak gördüğün üzere bu tarz duygusal durumlarda beynimizde farklı devreleri kullanıyoruz. Şu adama kızıp durma artık. Seni kızdırsa bile en azından bunu iyi niyetle yapmış olduğunu hatırla lütfen.

Erkeklerin Yüzü Hep İfadesiz midir?

Çeşitli duygusal ifadelerin algılanmasında erkeklerin kadınlara göre daha kötü bir donanım ve yazılıma sahip olduğunu gördük. Peki, erkekler kendi duygularını dışa yansıtmada ne derece başarılıdırlar? Duygusal olaylar karşısında erkeklerin yüz ifadesinde çok fazla değişiklik meydana gelmemesi, genellikle kadınlar tarafından ruhsuzluk olarak ifade edilir. Ama aslında durum kadınların düşündüğünden bir miktar farklıdır. Özellikle ergenlik döneminde testosteron salgılanmasının artmasıyla erkek vücudunda birçok değişiklik meydana gelmektedir. Bunlardan biri de duyguları bastıracak mekanizmalar geliştirmektir. Örneğin iki erkek bir kavga için karşı karşıya geldiğinde taraflardan biri, diğerinin yüzündeki korku ya da endişeyi belirgin bir şekilde fark ederse doğrudan avantajlı bir duruma geçecektir. İşte bu nedenle erkek çocuklar ergenlikten itibaren korku dâhil yüzlerinde oluşacak tüm duygusal ifadeleri baskılamayı öğrenirler.

Bu mekanizmanın nasıl çalıştığını anlamak için konuyla ilgili çeşitli araştırmalar yapılmıştır. Hissettiğimiz duyguların yüzümüzde oluşturduğu ifadeler (gülme, tiksinme, korku vs.), yüzümüzdeki çeşitli kas gruplarının kasılıp gevşemesi aracılığıyla oluşmaktadır. Yapılan çalışmalarda genellikle bu kasların elektriksel aktiviteleri ölçülerek mekanizmanın nasıl çalıştığı araştırılmıştır. Örneğin ağzımızın etrafında bulunan zigomatik kaslar ve gözlerimizin etrafında bulunan kaslar (orbicularis oculi) yüzümüzde gülümsemenin oluşmasından sorumlu kaslardır. Eğer bu kasların tümü aktif bir şekilde çalışmazsa yüzünüzde gerçek bir gülümseme oluşmayacaktır. Öfke ve kızgınlık gibi durumlarda, korrugator kaslar aktif bir şekilde rol oynamaktadır. Aşağıdaki resimde bu kasların nerelerde olduklarını görebilirsiniz.

Özetle, siz fark edemeseniz de yüzünüzde onlarca kas grubu, yüz ifadenizin düzgün oluşması için oldukça ahenkli bir şekilde çalışmak zorundadır. Yani basit bir gülümseme bile aslında organizasyonu oldukça zor olan meseledir. Bu meselenin aslında ne kadar karışık olduğunu merak edenler bu bölümün sonunda yer alan "Neden Vesikalık Fotoğrafınızdan Hoşlanmazsınız?" başlıklı yazıya bir göz atabilirler.

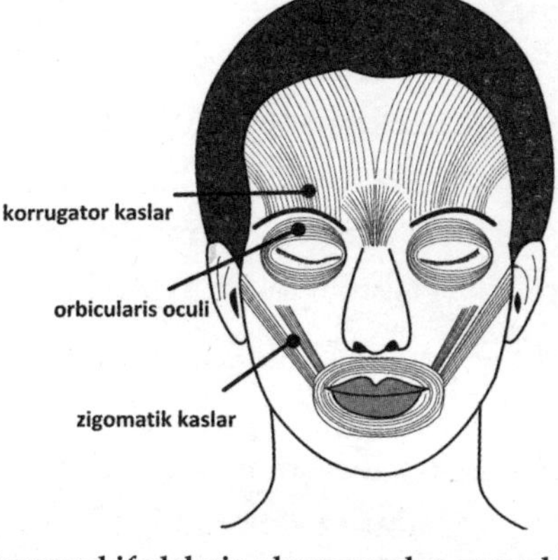

Yüzde çeşitli duygusal ifadelerin oluşmasından sorumlu bazı kas grupları

Erkeklerin duygularını ifade etmede fizyolojik olarak nasıl bir yol izlediğini daha iyi anlamak için örnek bir çalışmaya yakından bakalım. Çalışmada ilk olarak araştırmaya katılan gönüllülerin yüzlerindeki belirli kas gruplarına elektrotlar yerleştirilmiştir. Bu elektrotlar aracılığıyla ilgili kasta herhangi bir aktivasyon olup olmadığını görebilirsiniz. Uygulaması oldukça basit olan bu araştırmada gönüllülere, onları duygusal anlamda etkileyebilecek fotoğraflar gösterilip yüz kaslarında meydana gelen değişiklikler ölçülmüştür.

Fotoğraflar kişilere oldukça kısa bir süre -sadece saniyenin beşte biri kadar- gösterilmiştir. Burada okuyucu ile şunu paylaşalım. Bu kadar kısa süreli gösterilen fotoğraflar bilinç düzeyinde algılanamaz. Yani çok kabaca söylersek size gösterilen fotoğrafı görmezsiniz. Gözünüzün önünde bir şey görünüp hemen kaybolur. O kadar hızlı olur ki bu işlem, size tam olarak ne gösterildiğini anlayamazsınız. Fakat beynimizin tam ortasında yer alan limbik sistem o kadar mükemmel çalışır ki ne kadar hızlı gösterilmiş olsa da o fotoğrafı yakalar. Duruma göre de vücudunuzun tepki vermesini sağlar. Örneğin korkunç bir fotoğraf çok hızlı bir şekilde size gösterildi. Siz bunu bilinçli düzeyde algılamayacaksınız ama limbik sistemin merkezinde bulunan amigdala adlı yapı, tüm vücuda "Ben korkunç bir fotoğraf gördüm, hemen kendinizi toparlayın diyecek. Doğal olarak siz, daha bilinç düzeyinde ne olduğunun farkında bile değilken kalbiniz daha hızlı atmaya başlayacak, elleriniz terleyecek, tükürük salgınız azalacak yani sizden bağımsız, derin bir yapılanma tüm işleri sizin için hâlledecek.

Tekrar deneyimize dönecek olursak kadın ve erkeklere saniyenin beşte biri kadar oldukça kısa bir süre duygusal anlamda etkileyici fotoğraflar gösterilmişti. Bilinç düzeyinde algılanması imkânsız olan bu fotoğraflarda, çok ilginç bir şekilde erkeklerin yüz ifadeleri kadınlardan daha fazla tepki vermiştir. İlgili kaslara yerleştirilen elektrotlar aracılığıyla yapılan ölçümler, erkekteki aktivasyonun daha kuvvetli olduğunu gösteriyordu. Asıl ilginç olan ise yaklaşık iki saniye geçtiğinde yani bilinç devreye girdiğinde erkeklerin yüzündeki bu kas aktivitesi yukarıdan gelen bir emirle kesilir. Doğal olarak erkeklerde yine o ifadesiz yüz ile karşılaşırsınız. Bu araştırma aslında erkeklerin kendisi ile ilgili duygu durumunu bilinçli olarak nasıl baskıladığı ile ilgili güzel bir çalışmadır.

Başka Bir* Kıza *Bakma Meselesi

Peki, kadının empati konusundaki bu yeteneği doğuştan gelen bir özellik miydi yoksa sonradan kendisinin geliştirdiği bir yetenek mi? Aslında her ikisinin de katkısı olmakla beraber, yapılan çalışmalar kız çocuklarının bu konuda çok kuvvetli bir güdü ile doğduklarını göstermektedir. Örneğin yeni doğmuş bebeklerde yapılan bir çalışmada bebeklerin bulunduğu yatağın bir tarafında insan dururken diğer tarafına renkli, hareket eden bir top konulmuştur. Burada merak edilen soru: "Bebek hangisine daha uzun süreli bakacaktır?" Sonuçlar çok ilginç, kız bebekler sürekli olarak yanındaki insanın yüzüne bakarken erkek bebekler insan ile ilgilenmeyip havada hareket ettirilen topa bakmıştır. Yani daha bebekken bile ilgi gösterdiğimiz şeyler birbirinden farklıdır.

İlk üç aya gelindiğinde kızlarda göz teması kurma ve bakışma yaklaşık yüzde 400 oranında bir artış gösterirken erkeklerde bu tarz bir artış söz konusu olmamaktadır. Bir yaş civarına gelindiğinde kız çocuklar annelerini daha çok izlerler ve etrafında gelişen gerilimli durumlara karşı tepki oluştururlar. Kız çocuklarındaki bu duyarlılık sadece yüz analizi konusunda değil, dokunma ve ses analizlerinde de erkeklerden çok daha kuvvetlidir. Oyun dönemindeki çocukları inceleyecek olursanız erkek oyunlarının kavga ve rekabete dönük olduğunu görürsünüz. Örneğin herhangi bir yerde sıraya girmede bile bir itiş kakış söz konusudur. Tüm erkekler birinci sıraya geçmek için birbirlerini omuzlayıp dururlar. Daha önceki bölümde de bahsettiğimiz üzere erkek için hiyerarşi oldukça önemlidir. Bu nedenle erkek çocuklar futbol oynarken kızlar ip atlayıp evcilik oynamaktadır. Gerçi günümüz teknolojisinin oluşturduğu cazibe nedeniyle çocukların artık sokak oyunları ile pek ilgilenmediklerini görüyoruz. Ama tabletleri aracılığıyla oynadıkları oyunlarda da benzer farklılık varlığını sürdürmektedir. Çocukların teknolojiyi kullanma konusundaki farklılıklarını, anne ve babalarının endişelerinden de anlayabilirsiniz aslında. Zira günümüzde birçok anne baba için iki temel sıkıntı söz konusudur: Acaba oğlumuz neleri "download" ediyor, kızımız neleri "upload" ediyor?

Buraya kadar tüm anlattığımız bilgiler ışığında, hemen hemen tüm çiftlerin başından geçmiş olan bir kavga meselesini çözmeye çalışalım. Çiftler arasında en çok kavga nedeni olan konu nedir diye bir anket yapılsa "sevgiliniz yanındayken başka bir kıza bakma meselesi" oldukça üst sıralarda yer alacaktır. Peki, bu durum neden oluyor ve çözümü nedir?

Örneğin çiftimiz alışveriş sonrası yemek için bir yere otursunlar. Kızımız bir yandan yemeğini yiyip bir yandan da almadığı kazak hakkındaki pişmanlığını dile getiren uzun cümleler kurarken bir de bakıyor, erkek arkadaşının gözü aynı ortamda olan ve hayli ilgi çekici bir kıza kaymış. Sonuç tabii ki de kızın haklı tepkisi, erkeğin bunu inkâr etmesi ve ciddi bir kavga. Sevgili okuyucu, bu kavgalar bazen o kadar büyür ki ilişkiyi geri dönüşü olmayan bir yola sokabilir. O nedenle bu bölümün sonunda gelin şu meseleyi bir çözelim.

Öncelikle sevgili kızlar, karşınızdaki erkek başka bir kıza baktı diye hemen küplere binmeyin. Çünkü bu tarz durumlar erkek beyni için otomatik bir davranıştır. Çok hızlı oluşur ve bir o kadar hızla kaybolur. Yani işin temelinde kötü bir niyet olmayabilir. Hani sen alışveriş merkezinde, daha önce almış olduğun bir gömleğe uygun bir etek ararken vitrinde gördüğün ilginç bir ayakkabıya şöyle bir göz atarsın ya. O ayakkabıyı almak gibi bir derdin yoktur sadece bir anlık bakar ve yoluna devam edersin. Erkeklerin durumu da bir bakıma böyle aslında sevgili kızlar. O nedenle bu kadar hızlı reaksiyon vermeyin lütfen. Biliyorum dışarıdan bakınca çok can sıkıcı bir durum ama işin temelinde farklı refleksel bir mekanizma söz konusu. Gelelim diğer tarafa. Sevgili erkekler, kusura bakmayın ama aranızda oldukça kötü niyetli kişiler de var. Yani sevdiceği ile yemek yerken karşısındakine çaktırmadan başka bir kıza bakıp çapkınlık yapabileceğini düşünen komik insanlar. Şimdi bu çapkın olduğunu sanan arkadaşlara seslenelim. Sevgili çapkın olduğunu sanan arkadaşım, bak onlarca sayfa insan yüzünü analiz etme konusunda kızların ne kadar yetenekli olduğunu anlattım. Daha bebekliğinde yüz okumaya çalışan bir kıza çaktırmadan başka bir kıza bakabileceğini mi sanıyorsun? Muhtemelen bebekliğinde topa, sandalyeye vs. baktığın için bunu anlaman zor olabilir ama sevgiline çaktırmadan başka bir kıza bakabilme ihtimalin yok. Lütfen bunun bilincinde ol ve düzgünce yemeğini ye.

Geyiği Öldürmek

Şu ana kadar sayfalarca yazdığımız meselenin özeti çok basit. Dişi beyin empati konusunda müthiş bir donanım ve yazılım ile doğmaktadır. Bu yeteneğinin hayata yansıması da oldukça kuvvetli bir empati etkileşimi ile olmaktadır. Kadınlardaki bu harika donanım ve yazılım yetmezmiş gibi bir de işin içine hormonlar girmektedir. Bu hormonların etkilerini anlatmaya kalkışsak bir bu kadar sayfa daha yazmamız gerekir. Ama merak edenler için şunu söyleyelim, kadınların duygu işleri söz konusu olduğunda oksitosin ve östrojen hormonları önemli rol oynarlar. Bu hormonlar bazen kadınları bir ruh halinden diğerine o kadar hızlı sokar ki biz erkekler bunu dışarıdan asla anlayamayız. Bu konu hakkında bir sonraki bölümde daha detaylı inceleme yapacağız.

Erkek beynine baktığımızda kadınlara göre sahip olduğu dezavantajlar yetmezmiş gibi bir de testosteron ve vazopressin hormonları etkisinde iyice empati ve duygusallıktan uzaklaşırlar. Bu bölümün sonuna geldiğimizde şunu vurgulamakta fayda var. Erkek beyin yoğun empati yapamaz. Bu biyolojik bir gerçektir. Bunun için ona kızmamak gerekir. Çünkü bu bilinçli yapılan bir durum değildir. Erkeklerin empati yapamaması her ne kadar olumsuz bir durummuş gibi gözükse de şu an insanoğlunun varlığını sürdürmesinde oldukça önemli bir yer tutmaktadır. Nasıl ki yavruların yetişmesinde ve neslin devamında kadının empati yeteneği önemliyse söz konusu avcılık olduğunda erkeğin empati yeteneksizliği de bir o kadar önemlidir.

İlkel dönemlere dönecek olursak beslenmek şimdiki gibi kolay bir iş değildi. Yemeğini hak edebilmen için avlanman gerekiyordu. Şimdi empatisi yüksek bir erkek olduğunuzu düşünün. Bir geyik görüyorsunuz. Mızrağını kaldırıp tam geyiğin kalbine saplayacakken geyik ile göz göze geliyorsunuz. Empatiniz çok yüksek olacağından "Ay, kıyamam ben buna ya" dediğiniz anda siz ve çocuklarınızın aç geçireceği bir gece daha yaşamış oluyorsunuz.

Neden Vesikalık Fotoğrafınızdan Hoşlanmazsınız?

...bütün insanlar aynı dilde gülümser.

Oscar törenlerinden beri bir *selfie* çılgınlığı başladı gidiyor. Sosyal medyaya baktığımızda sanatçılardan sporculara, siyasilerden öğrencilere kadar toplumun hemen her kesiminde hızla yayılan bir salgına maruz kaldık. Aslında *selfie* meselesi akıllı telefonlar sayesinde uzun bir süre önce hayatımıza yerleşmişti. Hatta insanlık ayna önünde kendini çeken *selfie* fotoğrafına o kadar çok maruz kaldı ki en sonunda telefon tasarımcıları çareyi telefonun ön yüzüne de bir kamera koymakta buldular.

Oysa bundan yaklaşık yirmi yıl önce fotoğraf konusunda bu derece alternatifimiz yoktu ve fotoğraf çektirmek zaman ve para açısından oldukça maliyetli bir işti. Ama fotoğraflar o dönemde de sosyal ilişkilerin temelini oluşturuyordu. İnsanlar ailelerinin ve sevdikleri kişilerin vesikalık resimlerini cüzdanlarında taşırdı. Eğer biriyle samimi olursanız o fotoğraflar cüzdandan gün ışığına çıkar ve tek tek size tanıtılırdı. Yani o dönemin facebook hesapları bu vesikalık fotoğraflardı ve cüzdandaki yeri garantiydi. Hoşlandığınız birinden vesikalık fotoğrafını almanın oldukça zor olduğu dönemlerdi. Çünkü söz konusu, vesikalık fotoğraflar olduğunda büyük bir çoğunluğun hemfikir olduğu bir mesele vardı. Herkes vesikalık fotoğrafında çok kötü çıktığını düşünürdü. Hatta kişi şanslı olup güzel bir vesikalık çektirebilmişse yıllarca aynı fotoğrafı çoğaltıp çoğaltıp kullanırdı. Peki, vesikalık fotoğrafımızı bir türlü beğenmememizin altında hangi mekanizma yatıyordu? Bu meseleyi anlamak için 1800'ler Fransa'sına küçük bir yolculuk yapmamız gerekiyor.

Bir Gemicinin Oğlu

Charles Darwin, 1872 yılında "İnsan ve Hayvanlarda Duyguların İfadesi" adlı bir kitap yayımladı. Yüzümüzdeki mimiklerin, duygumuzu ifade etmede ne kadar önemli ve ayırt edici olduğu meselesi kitabın ana temalarından biriydi. Kitabın konusu kadar içindeki insan ve hayvan fotoğrafları da bir o kadar ilgi çekiciydi. Çeşitli yüz ifadeleri ile ilgili olan fotoğraflardan en garip görünümlü olanları ise tarih içerisinde yeterince takdir edilme şansına erişememiş Guillaume Benjamin Duchenne adlı ilginç bir bilim insanına aitti.

Neredeyse tüm ailesi gemici olan Duchenne'nin de muhtemelen gemici olması bekleniyordu. Zira gerek görünüşü gerekse de aksanı ile Braavos'un Mor Limanı'nda çalışan sıradan bir gemiciyi andırması, ileride bilim camiası içerisinde kendisine bir takım zorluklar çıkararak meslekte geç ilerlemesine neden olmuştu. Ama bu dezavantajlara rağmen kendisi bir bilim insanında olması gereken en önemli özelliğe sahipti. Gördüğü hemen her şeyin kaydını tutan, hastaları başka bir hastaneye gitse bile onları takip etmeyi sürdüren oldukça inatçı biriydi. Özellikle distrofi gibi, kaslara zarar veren hastalıklarda kaslara elektrik vererek işlevlerini koruma çalışmalarında, tıp tarihi için çok önemli bulgular elde etmişti. Ama okumakta olduğunuz yazının konusu, Duchenne'nin fotoğrafçılığa duyduğu ilgi sayesinde bizlere bıraktığı, 1860'lara kadar uzanan harika bir fotoğraf koleksiyonu üzerine olacaktır.

Elektrikle Gülümsemek

Duchenne'den yaklaşık 100 yıl önce Luigi Galvani adlı İtalyan bilim insanı, kasların dışarıdan elektrik verilmesi yoluyla kasılabildiklerini göstermişti. Aslında şu anki bilgilerimiz doğrultusunda beynimizin de aynı yöntemi kullandığını biliyoruz. Yani beynimizden kaslara giden uyarılar elektriksel olarak iletilmektedir. Duchenne, beynin nasıl elektrik ürettiği ve bunu nasıl ilettiği meselesinden ziyade kasların elektrik yoluyla kasılması kısmına yoğunlaşmıştı. En çok ilgilendiği kısım ise yüz kasları olmuştu. Aslında yüzümüzde birçok kas bulunmaktadır ve bu kasların uyarılması ile çeşitli yüz ifadeleri oluşmaktadır. Örneğin beyninizde tiksinme ile ilgili alan aktifleştiğinde buradan çıkan elektriksel uyarılar yüzümüzdeki belirli bir grup kasa giderek bu kasların kasılmasını sağlar ve yüzümüzde o tiksinti ifadesi oluşur. Benzer mantık diğer duygusal ifadeler için de geçerlidir.

Duchenne, sahte bir gülümseme sırasında yüzümüzde kullanılan kaslarla, gerçek bir gülümseme sırasında kullanılan kasların farklı olduğuna inanıyordu. Bunu kanıtlamak için gönüllü kişilerin yüzlerindeki belirli kas gruplarını izole ederek bu bölgelere tek tek elektrik veriyordu. Elektrik verdiği kas kasıldığı için yüzde oluşturduğu ifade oldukça net ortaya çıkıyordu. Özellikle yüzün bir yarısına elektrik verirken diğer yarısına dokunmuyordu. Bu sayede elektrik ile oluşan ifadeleri, yüzün diğer yarısındaki uyarılmamış bölgelerle mukayese ederek hangi kasların hangi duygusal ifadeye karşılık geldiğini daha iyi inceleyebiliyordu.

Yaşlı ve Dişsiz Adam

Duchenne, yaptığı denemeler sonucunda sahte bir gülümseme ile gerçek bir gülümseme arasında bir fark olduğunu görmüştü. Ağzımızın etrafındaki kaslar (sağ ve sol zigomatikus) hem sahte hem de gerçek gülümsemede kullanılıyordu. Oysa gerçek gülümsemede kişilerin gözlerinin etrafındaki kasların da (sağ-sol orbicularis oculi) kasıldığını görmüştü. Şüphesiz ki Duchenne'nin deneyleri üzerine katkısı en fazla olan kişilerden biri, "yaşlı adam (the old man)" olarak literatüre geçen hastasıydı. Bu kişinin en önemli özelliği, yüzünün hissiz olmasıydı. Böylece Duchenne, karşısındakinin acı çekmediğini bilmenin verdiği rahatlıkla bu kişinin yüzündeki birçok kasa elektrik vererek bu ifadelerin fotoğraflarını çekmişti.

Gülen Gözler

Duchenne'nin katkılarından dolayı gerçek ve içten gülümsemeye literatürde Duchenne Gülümsemesi adı verilir. Bu gülümsemede ayırıcı en önemli kısım gözlerin katkısıdır. Peki, bu farkın oluşmasının altında yatan sinirbilimsel mekanizmayı nasıl açıklarız?

Örneğin çok sevdiğiniz bir kişiyi uzun bir süre sonra tesadüfen yolda gördünüz diyelim. Bu kişiyi görür görmez beyninizin duygu merkezi olan limbik sisteme uyarılar gider. Burası da gerekli yüz kaslarının kasılmasını sağlayan bazal gangliyonlar denen bölüme gider. Bu devre bir kez faaliyete geçtiği zaman, beyninizin düşünerek iş yapan kısımları olaya hiç karışmadan saliseler içinde içten bir gülümseme yüzünüzü kaplar.

Peki, sizden gülmeniz istenirse beyninizde nasıl bir aktivite gözlenir? Hemen herkes bir fotoğraf stüdyosuna gitmiştir. O günü tekrar hatırlamaya çalışalım. Garip bir odaya girersiniz, küçük bir tabureye oturmanız istenir ve işkence başlar. Siz içinizden "İnşallah gözüm kapalı çıkmaz" diye geçirirken fotoğrafçının türlü komutlarına maruz kalırsınız. Muhtemelen beceremediğiniz için gelip kendi elleriyle başınıza garip bir açıda bir yönlendirme yapar. Sonra da fotoğraf makinasının arkasına geçip gülümseyin der.

Fotoğrafçıdan gelen sözlü bilgi alınır ve işitsel korteks ile dil merkezlerinin de dâhil olduğu beynin yüksek düşünme merkezleri tarafından anlaşılır. Buradan çıkan uyarılar beynin ön tarafındaki motor kortekse iletilir. Bu bölge, keman çalmak ya da iğneden ip geçirmek gibi istemli hareketlerin beynimizde yapılmasını sağlayan bir yerdir. Her ne kadar basit gibi görünse de gerçek bir gülümseme, düzinelerce minik kasın uygun sıra ve özenli bir uyumla çalışmasını gerektirir. Eğer siz bu işi motor korteks ile yapmaya kalkışırsanız hiç ders almadan klasik bir parçayı çalmaya çalışmak gibi zorlu bir işe dönüşür ve gülümsemeniz başarısızlıkla sonuçlanır. Sonuç olarak ne zaman vesikalık fotoğrafınıza baksanız bu başarısızlığınızı belgeleyen o garip yüz ifadesi karşınızda sırıtıyor olacaktır.

Toplu çekilen *selfie* akımını bir kenara koyarsak kişilerin *selfie* üzerine bu kadar yoğunlaşmasının altında bu basit neden yatıyor olabilir. Kişisel bozukluktan tutun narsistliğe kadar üzerinde çeşitli yorumlar yapılan bu meselede, belki de amaç bazal gangliyonların devreye girdiği içten bir fotoğraf çekmek olabilir. Sonuçta siz yayımlanan bir tanesini görüyorsunuz. Oysa o bir taneyi bulabilmek için denenen ve çöpe giden nice başarısız *selfie* girişimi vardır.

Bölüm 9

Bir Kadını Tatmin Etmek İmkânsız mıdır?

Bir erkeği mutlu etmek istiyorsanız yapacağınız şey
çok basit, ona açabileceği bir kavanoz verin.

Çok geniş bir yelpazede hemen hemen tüm erkeklerin kadınlar hakkında fikir birliği gösterdiği bir mesele vardır. Genellikle de şu şekilde dile getirilir, "Kadınları tatmin etmek imkânsız abi". Bu konuda böylesine bir fikir birliği olunca insanın aklında bir şüphe oluşmuyor değil. Gerçekten de durum böyle midir? Yani kadınlar gerçekten de sürekli tüketen ve hiçbir şeyden memnun olmayan varlıklar mıydı? Keşke bu soruya "Ne alakası var canım, olur mu öyle saçmalık" diye cevap verebilseydim. Ama bu sorunun cevabı tümüyle zamana bağlıdır ve sorduğunuz döneme göre değişiklik göstermektedir. Çünkü kadınların gerçekten de tatmin olma ihtimallerinin teorik olarak imkânsız olduğu zamanlar da bulunmaktadır sevgili okuyucu. Ne demek istediğimizi daha net anlatabilmek için madde bağımlılığı konusuna bir göz atmamız gerekecek.

Madde Bağımlılığı

Doksanlı yılların en iddialı yapımlarından olan "Zor Ölüm (Die Hard)" serisi bizler için efsane olmasının yanında, Bruce Willis gibi müthiş bir insanı hayatımıza sokmuştur. O dönem biz kendisini "Mavi Ay" adlı diziden tanıyor olsak da filmlerde yaptığı kahramanlıklar ile o dönemdeki tüm çocukların idolü hâline gelmişti. Bruce Willis ile ilgili şu an aklımda kalan en önemli ayrıntılardan biri de her yeri yakıp yıktıktan sonra yaktığı o sigaradır.

Elemanımız John McClane (Bruce Willis'in "Zor Ölüm" serisinde canlandırdığı karakter) sigarayı içine öyle bir çekerdi ki sanırsınız evrenin tüm lezzetlerini bir araya toplayıp içiyordu.

O dönem, filmlerin ve dizilerin şu ankinden çok daha kuvvetli etki gücüne sahip olduğu dönemlerdi ve büyük şirketler bunu inanılmaz sömürüyordu. Ağzımız açık izlediğimiz tüm kahramanlar; alkol, sigara, uyuşturucu bağımlısıydı ve düzgün bir insandan kahraman olamayacağını o günlerde öğrenmiştik. Fakat Hollywood uyguladığı bu politikada önemli bir detayı ıskalamıştı. Her ne kadar filmlerde, dizilerde, kliplerde madde bağımlılığı daha çok erkeklerle özdeşleştirilmiş olsa da bugün aslında durumun böyle olmadığını biliyoruz. Yapılan çalışmalar son 10 yılda sigara, alkol ve marihuana kullanımının kadınlarda erkeklerden daha fazla olduğunu göstermektedir. Birçok araştırma aslında kadınların bağımlılığa daha yatkın olduğunu ve bu durumdan erkeklere nazaran daha fazla zarar gördüğünü ortaya koymuştur. Bu durumun oluşmasının en büyük nedeni dişilerin ürettiği cinsiyet hormonlarının beynin ödül devreleri üzerine olan ilginç etkileridir.

Östrojen adlı hormon her ne kadar kadınlık hormonu gibi bilinse de aslında erkeklerde de bulunmaktadır. Kadınlardaki miktarı erkeklerden çok daha yüksek olan bu hormonun, beyindeki ödül merkezleri üzerinde önemli etkileri bulunmaktadır. Örneğin bu konuda, sıçanlarda yapılan ilginç bir çalışmaya göz atabiliriz.

Aslında çalışmaya geçmeden bir konuya açıklık getirsek hiç fena olmayacak. Yaptığımız söyleşilerin bazılarında "sıçan" kelimesinin kimi dinleyiciler tarafından kaba bir kelime olarak algılandığını fark ettim. Hatta sırf isminin kaba olduğunu düşündüğünden birçok kişi bu hayvanlara fare deyip geçmektedir. Ama bu büyük bir yanlıştır. Sonuçta bir insana maymun demek neyse sıçana da fare demek odur. Bunun dışında bazı kişiler sıçanın İngilizce karşılığı "rat" kelimesini kullanıma sokmak isteseler de çok başarılı olamamışlardır.

O nedenle ben orijinal isim olan sıçanı kullanmayı tercih ediyorum. Bu kısa hatırlatmadan sonra tekrar sıçanlarda yapılan o ilginç çalışmaya dönelim. Tıpkı insanlarda olduğu gibi sıçanlarda da keyif verici maddelere karşı bağımlılık göstermek söz konusudur. Örneğin kokain, amfetamin gibi bağımlılık yapan maddelerin verildiği sıçanlar, tam anlamıyla bir bağımlı hâline gelirler. Eğer bu maddelerin verilmesini keserseniz, sıçanlar, suyla, yemekle olan ilişkisini keser ve kafesin her yerinde bu maddeleri arama eğilimi gösterirler. Yani söz konusu bağımlılık olduğunda insana oldukça benzeyen bir davranış sergilemektedirler. Bunlara ilaveten dişi sıçanlarda yapılmış bir çalışma, olaya çok daha farklı bir açıdan yaklaşmamıza neden olmuştur. Kokain ya da amfetamine alıştırılmış dişi sıçanlar, önce bağımlı hâle getirilmişti. Daha sonra yukarıdaki örnekte de olduğu gibi bu maddeleri vermeyi kestiklerinde sıçanlar bu maddeleri bulmak umuduyla kafesin her yerini didik didik etmişlerdi. Daha sonra deney ekibi bu dişi hayvanların yumurtalıklarını çıkarmıştı. Yumurtalıkları çıkarılan hayvanlarda, ilginç bir şekilde maddeleri arama eğilimlerinin azaldığını tespit etmişlerdi. O zaman bunun anlamı, dişinin yumurtalıklarında bir madde vardı ve bu madde bağımlılıkta rol oynuyordu. Dişinin yumurtalıklarına baktığımızda en çok göze çarpan madde burada üretilip vücut dolaşımına verilen östrojen hormonuydu.

Acaba sıçanların bağımlı oldukları maddeyi artık aramamalarının sebebi östrojen miydi? Çünkü yumurtalıkları çıkarılan sıçanda östrojen üretimi büyük miktarda ortadan kalkmıştı? Bunu anlamanın tek bir yolu vardı. O da yumurtalıkları alınan bu dişilere dışarıdan östrojen hormonu enjekte etmekti. Eğer dışarıdan östrojen verdikten sonra sıçanlar tekrar bağımlılık yapan maddeleri arama eğilimi gösterirse o zaman şüpheliyi suçüstü yakalamış olacaktık.

Bunu öğrenmek isteyen deney ekibi, yumurtalıkları çıkarıldığı için artık kafeste kokain aramayan dişi sıçanlara östrojen enjekte etti. Vücuduna östrojen enjekte edilen sıçanlar tekrardan kafesin her yerinde kokain aramaya başladı. Bu sonuca göre madde bağımlılığı ile östrojen hormonu arasında çok net bir ilişkinin olduğu kesinleşmiş oldu. Bu bilgi yukarıda da bahsettiğimiz şekilde, kadınların madde bağımlılığına neden erkeklerden daha yatkın olabileceğini açıklamaktadır. Çalışmanın detaylarını incelediğimizde yumurtalıkları alınmış bu sıçanlara östrojen verdiğiniz zaman, dopamin seviyesinin artmış olduğunu görüyoruz.

"Dopamin nedir" diye merak edenlere şöyle açıklayalım: Hani çok klasik bir soru vardır ya "Bana mutluluğun resmini çizebilir misin" diye. Aslında o mutluluğun resmini çizemem ama sana formülünü verebilirim. Bu formülün büyük bir kısmını iki molekül oluşturur. Bu moleküllerden birinin adı dopamin diğerinin adı ise serotonindir. Özetle dopamin, beyninizdeki ödül merkezlerinizi aktive ediyor ve mutluluk duyuyorsunuz. Dişi sıçanlardaki östrojen hormonu dopamin seviyesini artırdığından dolaylı mutluluğu daha kuvvetli yaşamanıza neden olmaktadır. Yani normalde tüketirken zevk aldığınız bir maddeyi, östrojen varlığında tükettiğinizde çok daha fazla zevk alıyorsunuz. Bunun sonucunda da kaçınılmaz olarak o maddeye karşı bir bağımlılık riski oluşabiliyor. Sonuç olarak vücudunuzda ne zaman östrojen artışı olsa yaptığınız iş ne olursa olsun o işten inanılmaz bir zevk alacaksınız. İşte bu nedenle kendilerine östrojen verilen sıçanlar tekrardan madde bağımlısı oluyordu.

Peki, buradan insanlar için nasıl bir çıkarsama yapabiliriz? Yukarıdaki deneyden net anladığımız özet, bir kadında östrojen ne kadar fazla olursa yaptığı iş ne kadar az eğlenceli olsa da büyük bir keyif alacaktır. O zaman erkekler olarak cevabını öğrenmemiz gereken en önemli sorunun "Kadınlarda östrojen hormonunu nasıl artırırız" olduğunu düşünebilirsin.

Sevgili erkekler bu mesele için kendinizi laboratuvara kapatıp hayatınızı bilime adamanıza gerek yok. Zira östrojen hormonu kadınlarda belirli zamanlarda yeterince yüksek bir seviyede üretilmektedir. O nedenle burada senin için önemli olan asıl soru "Nasıl artırırız" değil "Ne zaman artar" olacaktır. O zaman sorumuzu bilim dünyasına soralım. Bir kadında östrojen en fazla ne zaman salgılanmaktadır?

Östrojen Ne Zaman Artar?

Erkeklerdeki hormon üretimi ve salgılanmasında genel anlamda bir sabitlik söz konusuyken kadınlarda bu durum dalgalanma şeklinde karşımıza çıkmaktadır. Bu dalgalanmalar yaklaşık bir aylık döneme yayılır ve ekstradan bir durum olmadığı sürece her ay kendini tekrar eder. Menstrual siklus ya da âdet döngüsü olarak da bilinen bu kavramın temel nedeni bazı hormonların miktarlarındaki zamana bağlı artış ve azalışlardır. Hormonların üretilmesindeki bu dalgalanma kadınlarda, erkeklerin hiçbir zaman anlayamayacağı anlık duygusal değişimler oluşturmaktadır. Kadındaki bu değişim dışarıdan o kadar net gözlenir ki empati yoksunu erkekler bile bu değişimi her hücresiyle hisseder. Âdet öncesi kadınlarda ortaya çıkan bu gerginliklerden ilk kez bahseden erkek Hipokrat'tır.

Yaklaşık 2.400 sene önce yazdığı "Kadın Hastalıkları" adlı eserinde bu kısma da hatırı sayılır bir yer ayırmıştır. Kadınların bu ilginç durumu hukuk sisteminin de gözünden kaçmamıştır. İngiltere ve Fransa mahkemelerinde âdet döneminde suç işleyen kadınlarda cezada indirime gidilen davalar mevcuttur. Sevgili erkekler bizim hormonlarda bu şekilde bir dalgalanma olmadığı için kadınlardaki bu değişimi sadece şaşkın gözlerle izliyoruz. Acaba hiç merak ettiniz mi böyle bir deneyimi yaşamak nasıl bir histir diye? Tabii ki de bunu hiçbir zaman bilemeyeceğiz. Ama kadınların âdet döneminde yaşadıkları ile ilgili benim ufak bir tahminim var. Örnekle açıklayayım isterseniz:

Diyelim ki çok yoğun bir gün geçirdiniz ve tek isteğiniz duşunuzu alıp güzel bir yemeğin başına oturmak. Yemeğin ardından da şöyle televizyon karşısında uzanıp uyuyakaldınız mı değmeyin keyfinize. Öncelikle duşa giriyorsunuz. Uzun bir uğraş sonucunda ideal sıcaklığın birkaç derece üzerindeki bir sıcaklığa getirdiğiniz suyun altına giriyorsunuz. Suyun birkaç derece fazla olması önemli çünkü sıcak suyun vücudunuza çarptığında oluşturduğu o hafif yanmanın tüm yorgunluğunuzu söküp attığına inanıyorsunuz.

Gözleriniz kapalı, birazdan yiyeceğiniz yemeğin hayalini kurarken sıcak suyun başınızdan aşağı terapi şeklindeki akışı altında dakikalarca durabilirsiniz. Bu arada, siz duşta tam Nirvana'ya ulaşacağınız sırada anneniz, babanız ya da eşiniz mutfaktaki suyu kullandığından dolayı size gelen su aniden soğuyarak banyonun içinde oldukça makul bir yüksekliğe sıçramanıza neden oluyor. Siz musluk ile durumu düzeltmeye çabalarken hemen peşinden gelen kaynar su tarafından kutsandıktan sonra delirdiğiniz ve içinizden saydırdığınız o birkaç saniyeyi düşünün. Hah, işte o anı hiç unutmayın. Çünkü bana sorarsanız eğer kadınların âdet dönemindeki hormon değişiklikleri neticesinde hissettikleri, muhtemelen yukarıda anlatmaya çalıştığım durumun uzun süreye yayılmış hâli olabilir.

Sevgili okuyucu, "Biz beyin kitabı diye aldık, eleman banyodaki ideal su sıcaklığı üzerine anılarını anlatıyor" diye düşünme lütfen. Buraya nasıl geldiğimizi hatırlayalım hemen. En son kadınlarda östrojen diye bir hormonun varlığından bahsetmiştik. Bu hormon kadında ne kadar çok olursa kadın yaptığı işten o kadar zevk alıyordu. Biz de östrojen kadınlarda en çok ne zaman salınır diye merak etmiştik. İşte östrojenin ne zaman en yüksek miktarda olduğunu anlamak için kadınların âdet döngüsü hakkında bir miktar bilgiye sahip olmak gerekmektedir.

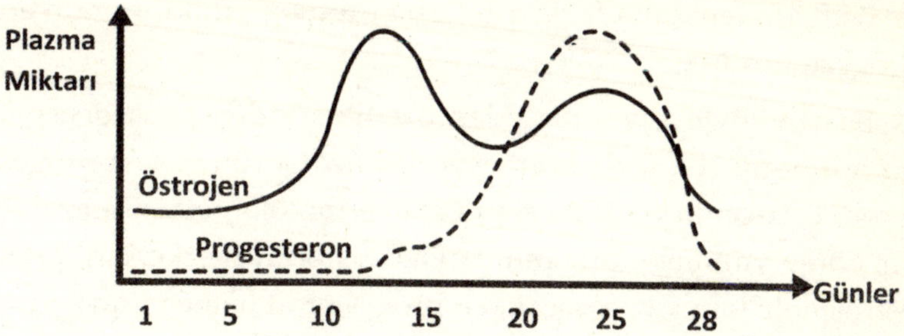

Kadında östrojen ve progesteron hormonlarının zamana bağlı değişimleri. Not: Östrojen pg/ml, progesteron ise ng/ml olarak ifade edilmiştir.

Yukarıdaki resimde, kadınların âdet döngüsünde önemli rolleri olan östrojen ve progesteron adlı hormonların bir ay içerisinde yaşadıkları artış ve azalışlar gösterilmiştir. Biz östrojen konuşacaktık, progesteron da nereden çıktı diye düşünmeyin. Birazdan nedenini paylaşınca anlayacaksınız, aslında progesteron hormonu da biz erkekler için oldukça önem taşıyor. Şimdi bizim öğrenmek istediğimiz konu, östrojen kadın vücudunda ne zaman artış gösteriyordu? Grafiğimize bu gözle tekrar baktığımızda östrojenin koskoca bir ay içerisinde sadece iki dönemde artış gösterdiğini görüyoruz. Dikkat ederseniz ilk artış ikinciye göre daha fazla olmakla birlikte, kadınların âdet döngüsünün yaklaşık 10 ve 16. günleri arasına denk gelmektedir. Östrojen artışının en tepede olduğu nokta bizim için önemli olabileceğinden 12 ve 14. günler arasını bir kenara mutlaka yazın sevgili erkekler. Gelelim östrojen hormonunun ikinci artışına. İkinci artışın yaklaşık 20 ve 25. günler arasına denk geldiğini görüyoruz. Aslında hiç fena sayılmaz. İlk artıştan yaklaşık 5 gün, ikinci artıştan da 5 gün hesap edersek ayda 10 gün eder. Her ay 10 gün bana fazlasıyla yeter diyen erkekler size kötü bir haberim var. Eğer grafiğe tekrar bakarsanız ikinci östrojen artışına paralel olarak başka bir hormonun da oldukça bariz bir şekilde arttığını görmekteyiz. Hatta ilgili dönemde östrojenden daha fazla miktarda üretilen bu hormonun adı progesterondur.

Baştan söyleyeyim birazdan özelliklerinden bahsedeceğim bu hormonu çok fazla sevmeyeceksiniz. Görünen o ki progesteron, östrojenin ödül merkezleri üzerine olan etkisini azaltıcı bir görev yapmaktadır. Yani beyindeki ödül merkezleri, artan östrojen ile tam gaz coşacakken progesteron hemen araya girip bu etkiyi azaltıyor ve ortamı sakinleştiriyor.

Hatırlarsanız bu bölümün başında bir deneyden bahsetmiştik. Kokaine alışmış dişi sıçanların yumurtalıklarını çıkardığımızda sıçan kafeste kokain aramaktan vazgeçiyordu. Daha sonra da kendisine östrojen enjekte edildiğinde tekrar deli gibi kokain aramaya başlıyordu. Becker adlı bir bilim insanı ve ekibi, 2006 yılında yaptıkları bir çalışmada yumurtalıkları alınmış dişi sıçanlara, östrojen ile beraber progesteron hormonunu da aynı anda vermişlerdir. Çok ilginç bir şekilde, bu durumda sıçanda kokaine karşı bir ilgisizlik oluşmuştur. Yani östrojeni tek başına verdiğimizde her yerde kokain arayan sıçan, östrojen ve progesteronu beraber verdiğinizde bir önceki ilgiyi göstermiyordu. Yukarıda yapılan çalışma bir durumu çok net bir şekilde bize göstermektedir. Eğer ortamda bir östrojen artışı söz konusu ise o işten alınan zevk artarken progesteronun varlığında östrojenin artırmış olduğu zevkte bir azalma söz konusu oluyordu. Yani özetle sevgili erkekler östrojen dostumuz, progesteron düşmanımızdı.

Yukarıdaki grafiğe tekrar bakarak nihai hesabımızı yapalım. Şimdi, koskoca bir ayda sadece iki kere östrojen artışı olduğunu gördük. Bu artışlardan ikincisi zalim progesteronun etkisi yüzünden zaten işimize yaramayacak. İşte bu durumda elimizde sadece tek bir zaman dilimi kalıyor. O da 10 ve 16. günler arası gibi gözüküyor. Bu dönemde östrojen yoğunluğu öyle bir üst seviyede oluyor ki (bilhassa 12 ve 14. günler arası) kadınların beynindeki ödül merkezleri hazır bekliyor. Yani kadına çikolatalı gofret bile alsan inanılmaz mutlu olacağı bir dönemden bahsediyorum.

Kadınları Memnun Etmenin En Kesin Yolu

Yukarıda tüm anlattıklarımız doğrultusunda, yapacağınız şey çok basit sevgili erkekler. Eğer eşinize bir sürpriz, hediye benzeri bir güzellik yapacaksanız bunun için en ideal günler 12 ve 14. günler arası. Vereceğin hediye ne olursa olsun kadında çok yüksek bir reaksiyona neden olacaktır. Diyelim ki bu hediyeyi 20 ve 25. günler arası vermek zorunda kaldın. Hatırlayacak olursan grafiğimizde o dönem progesteron artışı olduğu dönemdi. Yani kadınların "Hiçbir şeyden tat alamıyorum" dediği dönem. Eğer böyle bir dönemde hediyeni veriyorsan üzgünüm ama öyle çok güzel bir reaksiyon bekleme. Sen o kadar özveride bulunmuşsun, güzel bir sürpriz hazırlamışsın ama eşinin suratında, "ehh yani" anlamında bir ifade var. Doğal olarak bu durum seni büyük bir çaresizliğe itecek ve "Ben daha ne yapayım" diye isyan edeceksin. İsyan etmeden önce şunu unutma sevgili erkek. Hayatta hep başarılı olanlar doğaya doğru soruları soranlardır. O nedenle "Ne yapayım" değil, "Ne zaman yapayım" olan doğru soruyu sormakta fayda var.

Özetle, her türlü organizasyonu 10 ve 16. günler arasında düzenleyebilirsen senin için süper olur. 20 ve 25. günler arasından ise ne kadar uzak durursan o kadar iyi. Ama olur da hediye alacağın kadının doğum günü, yıl dönümünüz vs. bu günlere denk geliyorsa bilimin artık senin için yapabileceği bir şey yok ne yazık ki. Geri kalan tüm erkekler olarak, umarız ki en kısa zamanda toparlarsın.

Şimdi şu soruyu sorabilirsiniz sevgili erkekler: İyi, güzel de ben nereden bileceğim sevdiğim kızın ya da eşimin âdet gününü? Aslında yeterince dikkat edersen bunu gözlemleyebilme şansın var. Ama iyi bir gözlemci değilim diyorsan sana ancak teknoloji yardım edebilir. Zira kadınların âdet döngüsü için üretilmiş, o kadar kullanışlı tablet ve cep telefonu uygulamaları var ki. Önce eşine ya da sevdiğine bu uygulamanın aslında ne kadar bilimsel ve sağlıklı olduğu konusundaki bulgulardan bahset. Bu noktada yeterince inandırıcı olamazsan eğer bu işi bana bırak. Ben, o uygulamanın ne kadar işe yarayacağı konusunda kendisini ikna edeceğim. Senin tek yapman gereken hemen bu kısımdan sonraki bölümü kızın okumasını sağla. Bak sırf senin için uzun ve havalı bir başlık attım. Bu iyiliğimi de unutma.

Âdet Dönemini Gösteren Mobil Uygulamaların Kadınlar Üzerindeki Yararları

Sevgili kadınlar, bağımlısı olduğunuz ve bırakmak istediğiniz kötü alışkanlıklarınız konusunda çok çeşitli yöntemler deneyebilirsiniz. Yapılan araştırmalar âdet döngüsünde aktif rol alan iki hormonun bu konuda etkili olduğunu göstermiştir. Östrojen adlı hormon, sizin bağımlısı olduğunuz şeylerden normalde aldığınızdan daha fazla zevk almanıza neden olmaktadır. Bir diğer hormon olan progesteron ise belirli dönemlerde östrojenin bu etkisini baskılayarak aldığınız zevki azaltmaktadır. Örneğin 2007 yılında yapılan bir çalışmada, kumar oynayan kadınların vücutlarında östrojen artışının olduğu dönemlerde daha çok zevk aldıkları gösterilmiştir. Yani sigara, alkol gibi bağımlısı olup da bırakmak istediğin ne varsa vücudunda progesteronun arttığı dönemlerde bunu diğer günlerden daha kolay becerebilirsin.

Çünkü progesteron hormonu östrojenin beyindeki ödül merkezleri üzerine olan pozitif etkisini baskılayacağından bu dönem birçok şeyden gerçek anlamda zevk alamayacağın bir dönem olacaktır. Hani derler ya "Hiçbir şeyin tadı yok" diye, aynen öyle olacaktır. O nedenle bağımlısı olup da kullanmaktan zevk aldığın bu kötü alışkanlıklardan kolay bir yöntemle kurtulabilirsin. O zaman bu alışkanlıkları bırakmak için âdet döneminin 20 ve 25. günleri arası senin için bulunmaz bir fırsat olacaktır. Çünkü progesteron hormonunun miktarının fazla olması bu işi kolay becerebilmeni sağlayacaktır. Yalnız bir noktaya dikkat etmen gerekecek:

Yapılan araştırmalar kadınların bıraktıkları alışkanlıklara tekrar geri dönmelerinin, östrojenin miktarının yüksek olduğu 10 ve 15. günler arasına rastladığını göstermiştir. O nedenle bir şeyi bıraktığında bu günlere çok dikkat et. Zira canın o maddeyi her zamankinden daha fazla isteyecektir. Ama o haftayı bir kez atlatırsan bir ay daha kafan rahat olacaktır. Ta ki sonraki ayın östrojen dönemine kadar. Östrojen ve progesteron arasındaki bu ilişki sadece bağımlılık meselesinde karşımıza çıkmamaktadır. Örneğin âdet döneminin ilk iki haftası boyunca beyinde hipokampüs adlı bölgede yer alan bağlantılarda %25 oranında bir artış görülür. Hipokampüs öğrenme ve hafızada görev aldığından bu dönemde bağlantılarda yaşanan artış sayesinde hafızanız daha bir açık olacaktır ve böylece sonrasında daha çok şeyi hatırlayabileceksiniz. Yani beyninizin performansı da âdet döngünüze göre değişim gösterebilmektedir. O nedenle âdet günlerinizi yakından takip etmek bazı kararlarınızı almada büyük bir kolaylık sağlayabilir. Sonuç olarak âdet döngünüzü daha yakından takip edebileceğiniz mobil uygulamaları kullanarak bu kontrolü pratik bir şekilde yapabilirsiniz.

Burada şu soru merak edilebilir: Peki, neden erkeklerde hormonal dalgalanmalar yok da kadınlarda var? Aslında kadınların âdet döngüsünün bu şekilde evrilmesindeki en önemli etken, 12 ve 14. günlerin hamile kalabilmek için en olası günler olmasından kaynaklanıyor. Zira bu dönem, sperm ve yumurtanın birleşebilmesi için vücuttaki her şeyin en yoğun olduğu zamandır. Bu durumda, geriye tek şey kalıyor. O da ödül merkezlerini harekete geçirmek ve bu işin olmasını kolaylaştırmak. Her ne kadar kadındaki bu durumun temel amacı, üremenin en uygun koşullarda gerçekleşmesini sağlamak olsa da söz konusu ödül merkezleri olduğundan bu durumun doğurduğu sonuçlar hemen hemen tüm davranışların belirlenmesinde etkili bir rol oynamaktadır.

Erkekleri Mutlu Etmenin Yolları

Yukarıda kadınların durumunu uzun uzun anlattık, hormonlardan bahsettik, yazılımlar önerdik. Erkekler için bunlara çok fazla gerek yok aslında. Erkekler konusunda yapılması gerekeni paylaşmadan önce çok kısa bir konuya açıklık getirelim. Madem kadınlar için o kadar östrojenden bahsettik bir meseleyi daha ortaya koyalım. Bildiğiniz üzere gerek mizah gerekse de günlük yaşamda çok vurgulanan bir konu vardır. O da bir erkeğin cinsel ilişkinin ardından kadına arkasını dönüp sanki hiçbir şey olmamış gibi uyuması. Bu kadınlar tarafından çok kaba bir hareket olarak algılanmaktadır ki bu konuda haklılardır da. Ama olay pek de sizin düşündüğünüz gibi değil hanımlar. Cinsel birleşme sırasında erkekte de östrojen salgılanır. Daha sonra östrojen, çeşitli hormonlarla bir araya gelerek hipotalamusa ve uyku merkezlerine ulaşarak etkisini gösterir. Yani neredeyse bir uyku ilacı almış kadar olursunuz. Doğal olarak da erkek uyur. Bence bu durum yine evrimsel olarak önemli olabilecek bir meseledir. Sonuçta cinsel birleşme sonrası biyolojik sistemin erkeği uyutması bence kadındaki döllenme şansını artırmaktadır. Sistem erkekten alacağını almıştır ve artık ona ihtiyacı yoktur. O nedenle kafa karıştırmasın diye kendisini güzelce uyutur. Sevgili kadınlar, siz her ne kadar bu olayı çok kaba görseniz de işin fizyolojisinde bu vardır. Hem ayrıca uyumasaydı çok mu iyi olurdu? Düşünsenize cinsel birleşme sonrası size dönüp "Aşkım ya canım nasıl karpuz çekti. Birkaç tane dilimlesen de yesek ha" diyen bir adam olduğunu.

Tekrar başlığımıza dönelim. Erkekleri mutlu etmenin yolu nedir? Aslında büyük bir ivmeyle artan insan nüfusu ve sayıları giderek çoğalan obezleri gördükçe erkeğin neden memnun olduğu çok açık bir şekilde karşımıza çıkıyor. Ama bu konular üzerinde fazlasıyla durulup tartışıldığı için bu kitapta tekrardan vurgulamanın anlamı yok. Benim burada paylaşmak istediğim pratik bir şekilde günlük hayatınızda kullanacağınız bir bilgidir. Sevgili kadınlar, bir erkeği mutlu etmek istiyorsanız yapacağınız şey çok basit. Ona açabileceği bir kavanoz verin.

Ne demek istediğimizi biraz daha açalım. Mesela evde büyük bir kavga oldu diyelim. Bu durumda büyük bir ihtimal erkek küsmüş bir şekilde odasına gidecektir. Kavga konusunda haklı da olabilirsiniz haksız da. Aslında bunun çok da önemi yoktur. Çünkü er ya da geç aranız düzelecek ve sonunda yine barışacaksınız. Doğal olarak birbirinize çektirdiğiniz eziyet dışında hiçbir kazancınız olmayacak. O nedenle sevgili kadınlar sizden ricam bu olayı hiç uzatmadan çözmeye çalışın lütfen. Zaten barıştıktan sonra bu meselenin acısını geriye dönük bir şekilde çıkaracağınızdan erkekler olarak hiçbir şüphemiz yok. Şimdi madem barışmaya karar verdik yapacağınız şey çok basit. Mutfağa gidin ve bir kavanoz alın.

Bu kavanozun ağzının iyice sıkı olduğundan emin olun. Yalnız açabileceği bir kavanoz olsun lütfen. Zira olur da bir iki denemeden sonra kavanoz açılmazsa bu kitabı yazan kişi evde olacak olaylardan sorumlu değildir. Uygun kavanozu bulduktan sonra elemanımızın odasına gidin. Erkeğimiz muhtemelen bilgisayarının başında somurtmuş evrenin sırrını çözüyordur. O nedenle hiç konuşmanıza bile gerek yok. Kavanozu görebileceği bir yere bıraktıktan sonra tekrar mutfağa dönebilirseniz. Çünkü sizin işiniz bitmiştir ve gerisini evrim tamamlayacaktır artık. Erkek kavanozu görür görmez garip bir atmosfer içine girecektir. Hani Gotham şehrindeki halk süper kahramanımız

Batman'e ihtiyaç duyduğunda gökyüzüne doğru yarasa şeklinde bir ışık tutarak yardım ister ya... Muhtemelen sizin bıraktığınız kavanoz da benzer bir etki oluşturacaktır. Halkının ona olan ihtiyacı karşısında hiçbir süper kahraman kayıtsız kalamaz. Bu erdemin bilincinde olan elemanımız damarlarında coşan testosteron etkisiyle kavanoza yaklaşır. İlk denemede genelde başaramazlar. Bu onu daha da hırslandırır. İkinci denemede, "Testosteronun gücü adına, güç bende artık" diye kavanoza öyle bir abanır ki kavanozun kapağı ve kavanoz arasındaki kadim bağlılık artık karşı koyamaz ve kendini bırakır. Tam bu sırada, hani kavanoz açıldığında çıkan "tık" sesi var ya. İşte o sesin duyulması ile eş zamanlı olarak erkeğin beynindeki ödül merkezinde âdeta bir karnaval söz konusu olacaktır. Bu karnavalın yarattığı sarhoşluk etkisinde, erkek mutfağa öyle bir girer ki sanırsın İstanbul'u fethetmiş ve şehre giriş yapıyor.

Kavanozu tezgâha koyduktan sonra sadece 1-2 saniyeliğine yandan bir bakış atar size. "Yaaa, ben olmasaydım açlıktan ölecektiniz" şeklindeki bakıştan sonra mutfaktan muzaffer bir komutan edasıyla çıkar. Artık gururu okşanmış erkek, kavga konusunu bile unutup evde bir süper kahraman edasıyla dolaşacaktır. Evet, sevgili kadınlar, bir erkeğin kendisini süper kahraman gibi hissetmesi için dünyaya çarpmakta olan bir gök taşını durdurmasına gerek yoktur. Tek bir kavanoz bunun için yeterli olacaktır. Kadınlar için bu konu çok da önemli olmayabilir ama biz erkekler için bu durum çocukluktan beri hayalini kurduğumuz bir düştür.

Etrafınızdaki erkek çocuklarına dikkat edin lütfen. Eğer ailesinin durumu iyiyse kendisine bir süper kahraman kostümü alınır. Yok eğer benim çocukluğumda olduğu gibi böyle bir şansı yoksa annesinin şalını ya da benzerini boğazına bağlayıp pelerin niyetine kullanır. Dediğim gibi sevgili kadınlar, size çocukça gelebilir ama bizim için her zaman önemlidir. Bir kadın için ayna neyse biz erkekler için de pelerin odur. Zaten dikkat edin çok fazla kadın süper kahraman göremezsiniz. Çünkü bu doğuştan gelen bir şeydir ve her erkek çocuk çok önemli bir süper kahraman özelliği ile doğar ve bu özelliğini hayatı boyunca korur.

Nedir o süper kahraman özelliği? Tabii ki de hiç üzerinden çıkarmadan sürekli aynı kıyafetle yaşayabilme yeteneğidir. Zira bu durum süper kahraman olmanın vazgeçilmez bir unsurudur. O nedenle belki flört döneminde fark edemeyeceksiniz ama söz konusu erkek olduğunda temiz ve düzenli bir yaşam çok güzel bir ütopyadır. Tabii ki de tüm erkekleri aynı şartlarda değerlendiremeyiz ama illaki bir tanımlama yapmamız gerekirse yanında yeni tanıştığı bir kız varken yemek yemeden önce temiz çatalı peçeteyle silen ama tek başınayken çoraplarının pis olup olmadığını koklayarak kontrol eden canlıya erkek denir.

Mantık Bunun Neresinde?

Hani mantıksız, saçma sapan bir şey yaptığınızda başınızı iki elinizin arasına koyup düşünürsünüz ya, işte iki elinizin altında kalan, kafanızın ön bölgesinde epey büyük bir alana sahip o bölgenin adı frontal kortekstir. Aşağıdaki resimde frontal korteksin beyinde oldukça geniş bir alana yayıldığını görebilirsiniz.

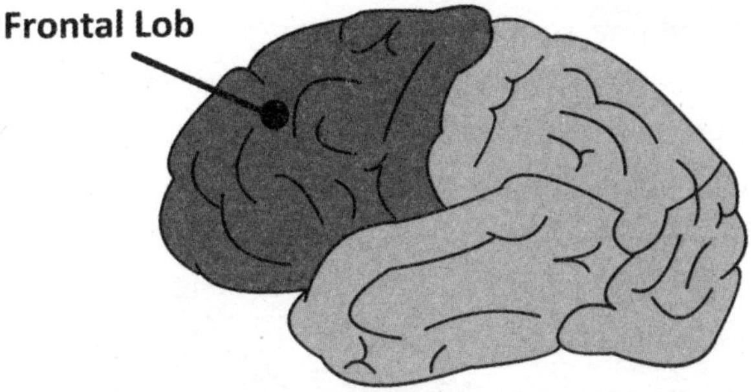

Beynin yandan görünüşü ve frontal lob

Bilinçli yaptığınız tüm davranışlar, üst bilişsel işlevler ve sahip olduğunuz tüm entelektüellik bu bölgede bulunmaktadır. Bu alanda da kadın ve erkek beyinleri arasında farklılık olduğu gösterilmiştir. Peki, acaba bu kısım kadında mı daha çok gelişmiştir, erkekte mi? Sorumuza cevap vermeden önce bir meseleyi hâlletmemiz gerekmektedir. Çünkü eğer sinirbilim ile ilgili bir kitap yazıyorsanız iki şeyden bahsetmeniz zorunludur. Bunlardan ilki "beyin", ikincisi ise "Phineas Gage" adlı bir adamdır. Beyin konusundan epeyce bahsettiğimize göre sinirbilim camiasında yazılı olmayan bu kurala biz de uyalım ve kimmiş bu Gage, biraz tanıyalım.

1848 yılının Eylül ayında, sıradan bir demiryolu işçisi olan Phineas P. Gage'in yaşadığı anlık bir dalgınlık ve beraberinde gelişen talihsiz bir olay çok ilginç bir keşfe neden olacaktır. Aslında Gage, oldukça çalışkan ve becerikli bir işçi olup demiryolunun geçeceği yollarda engebeli yerleri düzlemek için kayalıkları patlatan kendi hâlinde biriydi. Patlayıcıları sıkıştırmada kullandığı ve kendi icadı olan 110 cm uzunluğunda, 7 kilo ağırlığındaki demir çubuk bir gün tüm hayatını değiştirecekti. Günlerden bir gün, bir anlık dalgınlık sonucu, patlatmaya hazırladığı düzenin erken patlaması ile bu meşhur demir çubuk, Gage'in sol elmacık kemiğinin altından girip kafatasını delerek dışarı çıkmıştır.

Gage, patlama sonucu metrelerce geriye savrulmuş, demir çubuğun oluşturduğu hasar nedeniyle sol gözü yerinden fırlamış, beyninin bir kısmı da dışarı çıkmıştı. İlginç bir şekilde, kafatasında muazzam bir delik açılmasına ve herkesin öldüğünü düşünmesine rağmen Gage'in bilinci yerindeydi. Hatta kendisini tedavi eden doktora "Doktor bey size epey bir iş çıktı" dediği söylenmektedir.

İnsanlık tarihinin muazzam büyüklüğü içerisinde kaybolması oldukça muhtemel olan bu acı olayın, günümüze kadar

kat edin bu erkeklere, girdikleri mağazada oturulabilecek bir yer bulduklarında en çok sevdikleri ilkokul arkadaşını görmüş kadar mutlu olurlar.

Bir alışveriş meselesinde erkeğin bu kadar hızlı tükenmesinin nedeni, iş ya da okul çıkışı zaten yapmak istediği birçok şey varken yapmak istemediği bir şeyde geçirdiği zamanın üstünde yarattığı yüktür. Kızlar bunu çok iyi bilse de yok, illaki yanında olmanız gerekmektedir. Çünkü evrenin gizemini çözecek o soru muhakkak sana sorulacaktır. Elindeki iki tişört askısını kendi üzerine doğru tutarak "Ne dersin mavisi mi daha iyi, kırmızısı mı" diye sormak zorundadır tüm kızlar. Sen de Morpheus karşısında kalmış Neo gibi ne diyeceğini bilemezsin. Bu tip durumlar için benim sana tavsiyem, rahat ol ve seç birini gitsin. Çünkü şunu asla unutma. Bir kızın, şu hayatta ne alırsa alsın, aklı hep almadığında kalacaktır, sen de dâhil. O nedenle için rahat olsun. Bir de sevgili erkekler bu konuda size bir şeyi daha hatırlatmam gerekecek. Sevgilinizin sorduğu "Sence bu yakışmış mı" tarzı sorulara cevap verirken lütfen bir gerçeği asla aklınızdan çıkarmayın. Kadınlar facebook gibidir. Yani sadece beğen butonu vardır. Aksi düşünülemez.

Alışveriş merkezinde zombi olmak istemeyen sevgili erkekler, benim bu tarz durumlar için geliştirdiğim bir yöntem var. Belki senin de işine yarar. Şimdi, sevgiliniz ile alışveriş merkezine mi gitmeniz gerekiyor? Hiç sorun yok. Alın elinize güzel bir kitap. O elbise reyonlarının arasında dolaşırken sen de onun peşinden kitap okuyarak dolaş. Sana soru sorduğu zaman ara ver ve çok düşünmeden bir tercihte bulun. Hatta söylediğini inandırıcı kılmak için ara sıra "Bu renk gözlerin ile çok uyumlu oldu" gibi ortaya karışık cümleler de kurabilirsin. Bu yöntemi oldukça uzun süredir uygulayan biri olarak, bitirdiğim kitap sayısına inanamazsın. Muhtemelen okumak isteyip de bir türlü fırsat bulamadığın birçok kitabı da bu sayede bitirmiş olursun. Şunu da söylemeden bitirmeyelim. Bazı günler alışveriş merkezleri çok kalabalık olabiliyor. Eğer okuduğun kitapta çok sürükleyici bir yere gelmişsen bazen yanındaki kıza benzeyen başka bir kızın peşine yanlışlıkla takılabilirsin. Zira elimde okuduğum kitapla önünde beklediğim soyunma kabininden başka bir kız çıkınca anlamıştım, başımıza böyle şeylerin de gelebileceğini.

Kadın ve erkeklerin en sevdiğim ortak noktalarından biri de her ikisinin de kadınlar için süsleniyor olmalarıdır. Aslında alışveriş düşkünlüğünün altında da bu gerçek yatmaktadır. Çünkü kadınlar kıyafet söz konusu olduğunda birbirlerini eleştirmekte çoğu zaman oldukça acımasız olabiliyorlar. Mesela birbirini tanımayan iki erkek karşı karşıya gelirse bir göz teması kurulur ve en fazla boyu falan daha uzun mu diye bakılır belki. Bunun dışında hiçbir sorun ve merak edilen bir şey yoktur. Hâlbuki söz konusu iki kadının karşılaşması olduğunda kulağındaki küpesinden topuklu ayakkabısına kadar toplu bir görsel tarama söz konusudur. Biz erkekler bu durumu hiçbir zaman anlamasak da asıl nedenlerden biri, kadınların dış dünyayı algılamakta, duyularını erkeklerden daha verimli kullanması ile ilgili olabilir.

Bölüm 10

Aynı Dünyada mı Yaşıyoruz?

Zaten seni gördüğümde anlamıştım,
beş duyu asla yetmeyecekti...

Tam on beş yıl önce gerek felsefesi gerek çekimleri sırasında kullanılan teknoloji gerekse de oyuncu kadrosu ile müthiş bir film insanlığa hediye edilmişti. *The Matrix*, birçok insan için güzel bir filmin ötesinde daha çok yaşama bakış ile ilgili bir felsefe olmuştu. Film, insanın varoluşu ve nereye gittiği hakkında yaptığı sağlam tespitler ve karakterler arasında geçen müthiş diyaloglar sayesinde hafızamıza kazınmıştı. Filmdeki birçok sahne, üzerine konuşulacak onlarca detay içermesine rağmen gelin hep beraber Morpheus'un, ana karakter Neo'ya sorduğu "Gerçek nedir" sorusunu ve verdiği cevabı hatırlayalım.

Gerçek nedir? Gerçeği nasıl tanımlarsın? Eğer sadece hissedebildiğin, koklayabildiğin, tadını alabildiğin ve görebildiğin şeylerden bahsediyorsan o zaman gerçek, sadece beynin tarafından yorumlanan basit elektriksel sinyallerdir.

Eminim gerçeğin bugüne kadar bir sürü tanımı yapılmıştır. Ama açıkçası bir sinirbilimci olarak beni en çok tatmin eden cevap Morpheus'un cevabıdır. Şüphe yok ki dünyayı algılayan en önemli kapı duyularımızdır. Etrafınızdaki her şeyi onlar aracılığıyla algıladığınız için duyularınız size ne söylüyorsa gerçek sadece "o"dur. Şu anki bilgilerimiz dâhilinde duyularımız; görme, koklama, tatma, işitme ve dokunma olmak üzere kabaca beş gruba ayrılsa da aslında ileride çok daha farklı duyu algılarıyla tanışma olasılığımız oldukça yüksektir.

Şu ana kadar kadın beyni ve erkek beyni arasındaki farkları çeşitli başlıklarda tartıştık. Acaba söz konusu duyularımız olduğunda aradaki farklılık hangi noktalarda karşımıza çıkacaktır? Aslında bu sorunun cevabını tarihe meraklı olan okuyucularımız çok rahat tahmin edebilirler. Çünkü söz konusu duyularımız olduğunda genel anlamda kadınların erkeklere göre bir miktar daha avantajlı olduğu görülmektedir. Zaten kadınların daha hassas algılama yeteneğine sahip olması, tarihin çeşitli dönemlerinde ilginç durumlarla karşılaşmalarına neden olmuştur. Örneğin kadınların daha iyi çalışan duyusal algılarının bazı erkekler tarafından doğaüstü yetenek gibi algılanması, insanlık tarihi açısından oldukça utanç verici bir dönemin ortaya çıkmasına neden olmuştur. Sırf dış dünyadaki detayları algılamadaki yeteneği yüzünden, Orta Çağ'da binlerce kadın "cadı" etiketi ile damgalanıp idam edilmiştir. Bakalım zamanında birçok masum kadının öldürülmesine neden olan bu duyusal farklılıklar nelermiş?

Kitabın önceki bölümlerinde işitme duyusunu detaylı bir şekilde ele aldığımızdan bu bölümde diğer duyularımıza değineceğiz. Bakalım diğer temel duyularımız arasındaki farklar gündelik yaşantımıza nasıl etkide bulunmaktadır?

Dore Çantamı Gördün mü?

Görme duyusu, sinirbilimsel temelleri oldukça karışık olan müthiş bir duyumuzdur. Beynimizin arkasında oldukça büyük bir alan sırf görme işine ayrılmıştır. Kadın ve erkek arasındaki farklara genel anlamda baktığımızda söz konusu görme açısı olduğunda kadınların erkeklere göre daha geniş bir alanı görebildiğini biliyoruz. Diğer taraftan erkeklerdeki derinlik algısı ise kadınlardakinden daha kuvvetlidir. Ama şu an okumakta olduğunuz yazının asıl konusunu, dünyayı aynı renkler ile görüp görmediğimiz oluşturmaktadır. Sevgili erkekler bu bölüme başlamadan önce gelin sizinle ufak bir test yapalım. Aşağıda yazılı olan üç kelimeden hangisi sizce bir renk adıdır?

Lame – Dore - Falu

Bazılarınız başlıktan kopya çekerek doğru cevabın dore olduğunu düşünebilir. Fakat haklı olmaları bir gerçeği değiştirmeyecektir. Çünkü diğer iki kelime olan lame ve falu kelimeleri de biz erkeklerin aslında hiç bilmediği bir takım renkleri ifade etmektedir. Açık konuşmak gerekirse görme duyusu ile ilgili kadın ve erkek arasındaki farkları araştırana kadar ben de bu kelimelerin ne anlama geldiğini bilmiyordum. Hatta şu an bile tam olarak bu üç kelimenin hangi renklere karşılık geldikleri hakkında kafamda oluşan net bir algı yok. Ama bu üç kelimeyi günlük hayatında oldukça fazla kullanan kadınların varlığı bizi çok önemli bir soru ile karşı karşıya bırakıyor. Acaba kadınlar renkleri erkeklere göre daha geniş bir yelpazede mi görüyorlar?

Ağaçta Meyve Arayan Maymunlar

Maymun türleri arasında, gerek görünüşleri gerekse de beyin yapıları açısından sincap maymunları (*squirrel monkey*) oldukça ilginç bir yaşam tarzına sahiptirler. Bu maymunlar hakkında söylenecek çok şey olsa da okumakta olduğunuz kitapta tek bir özelliğinden bahsedilecektir. Eğer bu maymunların beslenme alışkanlıklarına yakından bakacak olursanız oldukça ilginç bir durumla karşılaşırsınız. Meyve yemeyi oldukça seven bu maymunların yaşam alanlarında bir süre vakit geçirirseniz çok ilginç bir farklılık hemen gözünüze çarpacaktır. Eğer yukarıya doğru, ağaçların dalları arasına bakarsanız bir grup sincap maymunun harıl harıl çalışıp meyve topladığını görürsünüz. Eğer bakışlarınızı ağacın dibine doğru çevirirseniz kalabalık bir maymun grubunun kendi arasında oyunlar oynadığına ve birbirleriyle itiş-kakış yaptığına şahit olursunuz. Peki, meyve toplayan maymunlar ile aşağıda umarsızca oyun oynayan maymunlar arasında bir fark mı vardı acaba? Belki de bu işi nöbetleşe yapıyorlardı. Ya da tıpkı insanlarda olduğu gibi bir grup sürekli çalışıp üretirken diğer grubun keyif içerisinde üretilenleri tükettiği muhteşem adil(!) bir sisteme sahiptiler.

Sincap maymunlarının nasıl bir hiyerarşik düzende çalıştıkları hakkında bir fikrimiz olmasa da ağacın tepesinde çalışan maymunların ortak noktası, hepsinin cinsiyetinin dişi olmasıdır. Bu durumda, ağacın dibinde oradan oraya koşturan maymunların hangi cinsiyetten olduğu konusunda bir şüpheniz kalmadığını düşünüyorum. Şimdi bu bilgiyi, televizyonda yayınlanan bir belgeselde izleyen bazı erkeklerin, elde ettiği bu bilimsel kanıtı kişisel çıkarları için kullanacağından şüphemiz yok. Kızlı, erkekli bir ortamda bir şekilde lafın buraya gelmesini sağlayıp ardından, "Yani kızlar, itiraz ediyorsunuz ama doğada falan yemek işleriyle hep dişiler ilgilenir, örneğin geçen bir belgeselde maymunların..." diye uzayıp giden içi boş cümleler kurması çok büyük bir ihtimaldir. Muhtemelen ya belgeselin tamamını izlemedin ya da izlediğin sırada başka bir işle uğraştığından asıl bilgiyi kaçırdın sanırım sevgili belgesel sever erkek. Çünkü o kaçırdığın bilgi, dişi ve erkek sincap maymunları arasında neden böyle bir fark olduğunu çok güzel açıklamaktaydı aslında.

Erkek sincap maymunlarının meyve işleri ile ilgilenmemesinin nedeninin ne erkek egemenliği ile ilgisi vardır ne vurdumduymazlıkla ne de tembellikle. Bunun için tek bir neden söz konusudur. O da erkek sincap maymunlarının renk körü olmasıdır. Yani bu türün erkekleri kırmızı ile yeşil rengi birbirinden ayırt edemezler. Bu nedenle de yeşil yapraklar arasında kızarmaya başlayan meyveleri fark etmeleri oldukça zor olacağından bu işle ilgilenemezler. Çok ilginç bir şekilde bu türün dişileri açısından böyle bir sıkıntı bulunmamaktadır. O nedenle görme sistemleri insanlardaki gibi trikromat olan dişi sincap maymunları meyve toplama işi ile ilgilenmektedirler. Bu bilgiyi duyacak olan belgesel sever arkadaş çok büyük bir ihtimalle "Yaaa insanları maymunla kıyaslamak çok saçma bi kere" cümlesini kuracaktır. Muhtemelen bu cümleyi kurarken bir yandan da eli cebindeki dolmakaleme doğru gidecektir. Çünkü bizler artık çok iyi biliyoruz ki dolmakalemi yapan birileri vardı. Konumuza dönecek olursak meselenin daha iyi anlaşılması için renk körlüğü konusunu biraz daha açmak gerekmektedir.

Renk Körlüğü ve Fazla Renkli Görme Meselesi

İnsanların gözünün iç kısmında retina adı verilen bir tabaka bulunmaktadır. Bu tabakadaki bazı hücrelerde dünyayı renkli görmemizi sağlayan fotopigment dediğimiz maddeler bulunmaktadır. Normal bir insanda sadece üç temel renge duyarlı olan fotoreseptörler söz konusudur. Bunun anlamı, aslında insan gözü sadece üç rengi algılayabilecek bir sisteme sahiptir. Bu üç renk; kırmızı, yeşil ve mavidir. Tasarımcıların ve photoshop kullananların da çok iyi bileceği RGB {*Red* (kırmızı), *Green* (yeşil), *Blue* (mavi)} sistemi de aynı mantığa dayanır. Yani tüm gördüğünüz renkler aslında sadece bu üç temel rengin birbirleriyle olan etkileşimlerinden oluşan varyasyonlardan ibarettir. Görme gibi çok önemli bir duyunun, aslında sadece üç farklı renge duyarlı reseptöre sahip olması size bir miktar şaşırtıcı gelebilir. Örneğin koku duyusu söz konusu olduğunda yaklaşık 350 farklı koku reseptörü var olup neredeyse 10.000 farklı kokuyu ayırt edebilme şansına sahibiz. Üstelik memeliler dünyasında koku duyusu en zayıf olan türlerden biri olmamıza rağmen.

Koku duyusunu bir sonraki bölümde daha detaylı işleyeceğimiz için konumuza dönelim. Eğer bu üç rengi algılayan reseptörden birinde bir sorun olursa renk körlüğü dediğimiz durum ortaya çıkmaktadır. Doğal olarak geriye kalan iki temel renk ile dünyayı daha az renkli görürsünüz. Aslında renk körlüğünün çeşitli alt tipleri olmakla beraber, en sık rastlanan durum kırmızı ve yeşil rengi ayırt edememekten kaynaklanır. Sincap maymunlarının erkeklerinde bahsettiğimiz bu durum insanlar için de söz konusudur. İnsanlarda renk körlüğünün, cinsiyetlerde görülme sıklığına baktığımızda yaklaşık 100 erkekten 8'inde renk körlüğü rahatsızlığının söz konusu olduğunu görürüz. Diğer taraftan kadınlara baktığımızda bu oranın %1'in altına düştüğü görülmektedir. Yani renk körlüğü rahatsızlığı erkeklerde kadınlara göre yaklaşık sekiz kat fazla görülmektedir. Kadınlarda bu oranın düşük olmasının nedeni kromozom farklılığımızdan kaynaklanmaktadır.

Hemen hepimiz lisedeki biyoloji dersinden hatırlarız muhtemelen. Söz konusu cinsiyetler olduğunda, X ve Y olmak üzere iki tip kromozomun varlığından bahsedilmişti bizlere. İki tane X kromozomu (XX) taşıyan kişiler kadınken; bir X, bir de Y kromozomu (XY) taşıyan kişilerin erkek olduğunu öğrenmiştik. Peki, bu kromozomların renk körlüğü ile ne ilgisi var? Aslında kromozomları, vücudunuzda meydana gelecek her türlü detayın kodlarının yazılı olduğu, sıkıştırılmış zip'li dosyalar gibi düşünebilirsiniz. Anne karnında vücudunuz gelişim gösterirken her türlü yapınız burada yazan kodlar doğrultusunda oluşturulmaktadır. Eğer bu kodlarda herhangi bir eksik ya da hatalı bir durum söz konusu olursa normalin dışında bir gelişim söz konusudur. Örneğin bu zip'li dosyalar içerisinde üç renge ait kod varsa üç renge, iki renge ait kod varsa iki renge duyarlı reseptörleriniz olacaktır.

Renk körlüğü meselesinde cinsiyetler arasında görülen farkın oluşmasının nedeni ise aslında oldukça basit bir farktan kaynaklanmaktadır. Normalde üç temel rengi algılayacak olan reseptörler, sadece X kromozomu üzerinde kodlanmıştır. Yani Y kromozomu üzerinde bu reseptörleri kodlayacak herhangi bir bölge yoktur. Şimdi diyelim ki bu X kromozomunun renkler ile ilgili reseptörleri oluşturacak kısmında bir kod bozukluğu oldu. Bu durum, kadınlar için çok da problem sayılmaz. Çünkü iki tane X kromozomu olduğundan eğer X'lerin birinde bir sıkıntı olursa diğer X kromozomundaki sağlam olan tarafı kullanarak bu hatayı düzeltebilir. Ne yazık ki erkeklerin böyle bir şansı yoktur. Çünkü erkekler XY olduğundan X kromozomu üzerinde bir sıkıntı olması durumunda bunu telafi edebilecekleri başka bir X kromozomları yoktur. Açıkçası X'in dışında ellerinde sadece Y kromozomu bulunmaktadır. İşte bu nedenle, renk körlüğü erkeklerde daha sık görülmektedir.

Hayatın renklerini farklı görme konusunda cinsiyetler arasında yaşanan bu farklılığı birkaç havalı bilimsel kelime kullanarak ve çok ilginç bir noktaya değinerek tamamlayalım.

Üç tip renge duyarlı fotoreseptörlere sahip normal kişilerdeki renkli görüşe "trikromat" denir. Kelimenin başındaki *tri-* ön eki, üç anlamına gelmektedir. Renk körlüğü olan kişilerde ise "dikromat" renkli görüş söz konusudur. Buradaki *di-* ön eki de iki anlamına gelmektedir. Çünkü bu kişilerde normalde üç renge duyarlı olması gereken fotoreseptörler iki renge duyarlıdır. Şimdi yazımızın sonunda enteresan bir durumdan bahsedelim. Yapılan son dönem çalışmalar çok ilginç bir bulguyu bizimle paylaşmıştır. Bu araştırmaların sonuçlarına göre normal insanlar temelde üç tip rengi algılıyor olmasına rağmen kadınların en az yüzde 15'inde, onlara fazladan bir renk reseptörü daha kazandıran genetik bir mutasyon söz konusudur. Yani bu kadınlarda dört temel rengi algılayabilecek bir sistem söz konusudur.

Şimdi bir düşünün sevgili erkekler, üç temel renk kullanarak size bu kadar muhteşem gözüken dünyanın dört temel renk ile nasıl gözükeceğini... İşte tam da bu nedenle biz normal insanlara aynı görünen renkler onlar için birbirinden farklı görünen renkler olabiliyor. Sonucunda da adını sanını doğru düzgün bilmediğimiz bir sürü renk ismi oluşuyor. O nedenle sevgili erkekler, söz konusu renkler olduğunda karşınızda mutasyona uğramış bir kadın olabileceği ihtimalini asla aklınızdan çıkarmayın. En son olarak şunu belirtmekte fayda var. Doğduğumuzdan beri dünyayı aynı renk düzeninde gördüğümüz için az renkli görmek ve çok renkli görmek meselesini mukayese etmek çok zordur. Bunun en güzel örneği, birçok renk körü insan aslında renk körü olduğunu bilmemektedir. Eğer sizin de bu konuda bir şüpheniz varsa kendinizi test etmek için Google'a "Ishihara kartları" yazmanız yeterli olacaktır.

Kızıl Saçlı Koku

Beyninizde oluşan bir sorundan dolayı sahip olduğunuz duyulardan sadece birini seçmek zorunda kalsaydınız hangi duyunuz ile yaşamayı tercih ederdiniz? Elbette çok zor bir seçim ama bir düşünün bakalım. Sizin için olmazsa olmaz duyunuz hangisidir? Sevdiğiniz kişinin sizi görür görmez yüzünde oluşan o tanımlanamaz gülümsemesini görebilmek mi? En sevdiğiniz ve defalarca başa alıp dinlemekten bıkmadığınız o şarkıyı bir kez daha duyabilmek mi? Sıcak ve harika demlenmiş bir çayı içtiğinizde ağzınızın içinde oluşan o harika hissi tadabilmek mi? Yeni aldığınız bir kitabı açtığınızda burnunuza gelen o harika kokuyu koklayabilmek mi? Yalın ayak üzerinde yürüdüğünüz toprak ve çimenin derinize yaptığı o muhteşem dokunuşlarını hissetmek mi? Hangisi?

İnsanlar genelde tek bir duyu seçmek zorunda kaldıklarında çoğunlukla görme ya da işitme duyularını tercih etmektedirler. Siz olsaydınız hangi duyunuzu seçerdiniz bilmiyorum ama koku duyusunu seçeceği kesin olan bir kişiyi tanıyorum. Bu kişi de Patrick Süskind'in harikalar yarattığı "Koku" adlı romanın ana karakteri olan Jean Baptiste Grenouille'dir. Grenouille karakterini burada anlatmaya cümleler yetmez. Ama kitabı okumayanlar için kısa bir bilgi verelim. Jean Baptiste Grenouille, yeryüzündeki tüm kokuları en hassas düzeyde ayırt edebilecek bir buruna sahip, oldukça ilginç bir kişiliktir. Deyim yerindeyse kokuyu görüp tanıyabilen bir karakter olarak karşımıza çıkmaktadır. Aslında Grenouille için her şey kızıl saçlı kızın kokusunu görmesi ve ona âşık olması ile başlar.

Kokuların öyle bir inandırıcılığı vardır ki sözden, gözle görmekten, duygudan, iradeden daha güçlüdür. Savılıp atılamaz bu inandırıcılık, soluduğumuz havanın ciğerlerimize işleyişi gibi o da içimize işler, doldurur bizi, hepten ele geçirir, çaresi yoktur.

Aslında Patrick Süskind'in kitap içerisinde kokuyu tanımlamış olduğu bu harika cümleler, yazacağımız onca şeyi oldukça güzel özetlemektedir. Ama biz yine de işin bilimsel boyutunu biraz kurcalamaya çalışalım. Koku duyusunun fizyolojisini anlayabilmek, cinsiyetler arasındaki farkı yorumlamada oldukça işimize yarayacaktır.

Evrimsel perspektifte incelediğimizde koku duyusu en eski duyusal sistem olmasına rağmen belki de duyularımız arasında en az anlaşılmış olanıdır. İnsanda kokuyla ilgili sistem her ne kadar köpek, kemirgen ve diğer memelilere göre daha az gelişmiş olsa da sahip olduğu yaklaşık 350 farklı koku reseptörünün aktivasyonuyla 10.000'e yakın kokuyu çok düşük konsantrasyonda bile belirleyip ayırt edebilme yeteneğine sahibiz. Her ne kadar siz fark edemeseniz de birçok kararınızı almada kokunun çok büyük rolü bulunmaktadır. Kokunun bu etkileyici rolünü masaya yatırmadan önce gelin koku duyusunu diğer tüm duyulardan ayıran çok ilginç bir özelliğinden daha bahsedelim.

Talamus Adlı Bir Oda

Talamus, beynimizin ortasında bir yerlerde bulunan ve kelime olarak da "iç oda" anlamına gelen bir bölgedir. Bu bölge beyin için oldukça büyük bir öneme sahiptir. Zira vücudumuzdan gelen hemen hemen tüm duyular, beyinde kendisiyle ilgili merkeze gitmeden önce talamusa uğramak zorundadırlar. Şöyle düşünün, nasıl ki genel müdürün yanına gitmeden önce sekretere uğramanız gerekiyor, işte talamusun yaptığı da bir bakıma sekreterlik sayılabilir. Bu nedenle ancak talamus ilgili sinyalin geçmesine izin verirse o duyu ilgili merkeze ulaşabilir. Yani talamusun duyuları filtre edebilme özelliği vardır. Örneğin genel müdüre bir şey anlatmak için odasına gidiyorsunuz ama sekreter size diyor ki "Şu an müdürümüz çok yoğun" doğal olarak sekreter sizi filtre etmiş oluyor. Yani müdürün hiçbir şekilde orada olduğunuzdan haberi olmuyor. İşin ilginci talamusun filtre edici özelliği olduğu gibi gelen uyarıyı artırıcı özelliği de bulunmaktadır. Bunu da şöyle düşünebilirsiniz. Diyelim ki o müdürü görmeye bir milletvekili geldi. Sekreteri gözünüzde canlandırabiliyorsunuz değil mi? Hemen olayı abartarak genel müdüre olabildiğince hızlı haber verecektir. Peki, talamusun sahip olduğu bu özellikler, hissettiğimiz duyuların beynimizde algılanmasını nasıl etkilemektedir?

Şöyle anlatalım: Örneğin ders çalışmak için masanıza oturdunuz. Bu sırada dışarıdan bir inşaat sesi geldiğini varsayın. İlk başta bu ses, sizi bir miktar rahatsız etse de yaptığınız işe konsantre olduğunuzda zamanla bu sesi artık duymamaya başlarsınız. Çünkü talamus artık bu sesi filtre eder. Buradaki temel mantık şudur, Talamus bu ses ile ilgili bilgi kendisine ilk geldiğinde doğrudan ilgili merkeze gitmesine izin verir. Zira bu bilgi önemli olabilir. Ama daha sonra gelen benzer ve tekrarlayan uyarıları filtre eder. Çünkü zaten az önce bu bilgiyi ilgili merkeze göndermişti. Gereksiz bilgiyle beyni meşgul etmenin anlamı yoktur artık.

Sevgili okuyucu, talamusun bu özelliği hayatımıza dair çok önemli bir kolaylık sağlar. Bu sayede kolunuzdaki saati ve ayağınızdaki ayakkabıyı her seferinde hissetmek zorunda kalmazsınız. Yani biri size hatırlatmadığı müddetçe saatinizin kordonunun derinize değmesiyle oluşan uyarılar filtre edilir ve saat vücudunuzun bir parçasıymış gibi hareket edersiniz. Peki, talamusun gelen uyarıyı artırıcı özelliği nasıl çalışmaktadır? Örneğin yeni doğum yapmış bir anneyi düşünün. Anne gece uyurken dışarıdan gelen çöp arabasının sesini duymayabilir ama bu sesten çok daha düşük şiddetteki bebeğinin mırıldanma sesi bile hemen uyanmasına neden olacaktır. Çünkü bebek anne için çok önemlidir ve bebek uyandığında anne bunu bilmek zorundadır. Bu şartlanma çeşitli merkezler aracılığıyla talamusu ilgili duyuya karşı daha hassas hâle getirir. Özetle talamus harika bir sekreterlik işi yapmaktadır diyebiliriz. Yani gerekli bilgi geldiğinde beyni uyarır, benzer bilgiler tekrar geldiğinde beyni hiç meşgul etmez. Talamus bu yöntemle birçok duyunun beyin tarafından algılanma seviyesinde hayati rol oynar. O nedenle başta da belirttiğimiz gibi tüm duyular ilgili merkezlere gitmek için önce talamusa uğramak zorundadırlar. Tek bir duyu hariç. Bilin bakalım bu hangi duyumuz?

Burnumuzda yer alan koku reseptörleri adlı yapılar burnun iç çeperinde yer alır ve burnumuza gelen koku moleküllerinin anında algılanmasını sağlarlar. Burnumuzdan çıkan ve koku duyusunu taşıyan bu kablolar, doğrudan beyindeki ilgili merkezlere gider. Güzel olan taraf, beyinde ilgili merkeze giderken talamusa da bir dal göndererek sadece bilgi verir. Yani genel müdürün odasına doğrudan girer, sekreterin haberi olur ama hiçbir şey yapamaz. Sonuç olarak talamus koku duyusundan bu sayede haberdar olur ama diğer duyularda yapmış olduğu gibi, kokuyu isteğine göre durdurma şansı yoktur. Aslında bu özellik kokunun ne kadar derin ve hayati bir duyu olduğunu göstermektedir. Zira koku bilgisi o kadar ayrıcalıklıdır ki asla filtre edilemez. Bu durumda okuyucunun aklına şöyle bir soru gelebilir. Peki, kokuya nasıl adapte oluyoruz o zaman? Örneğin bir odaya girdiğimizde ağır bir koku algılasak da bir süre sonra o kokuyu artık hissetmeyiz. Üstelik çok da hızlı gerçekleşen bu durumu nasıl açıklayabiliriz o zaman? Aslında buradaki koku duyusunu baskılama beyin düzeyinde değil, burun kısmında olmaktadır. Yani söz konusu, aynı kokunun koklanması olduğunda burundaki reseptörler düzeyinden algılanmakta ve beyne herhangi bir uyarı gönderilmemektedir. Yani talamus adlı sekreterimiz kokuya söz geçiremeyeceğinden daha en dış kapıda bir engelleme söz konusu olmaktadır. Ama o kapıyı geçtiği takdirde kokunun merkeze ulaşmasını durduracak bir güç yoktur.

Kokunun Fizyolojik Etkileri

Kokunun insan fizyolojisi üzerinde görünür ve görünür olmayan birçok etkisi bulunmaktadır. Örneğin çürümüş bir yiyecek ya da zararlı-toksik bir koku vücudumuzda çok hızlı bir öğürme refleksi oluşturabilir. Yani siz kokunun içeriğini bile algılamadan vücudunuz otomatik bir tepkiyi baştan verir. Bu çürümüş, bundan sana fayda yok, diye. Diğer taraftan, sevdiğiniz bir yiyeceğin sadece kokusunu almak bile tükürük salgınızı ve mide aktivitenizi artırır. Hani derler ya "ağzımın suyu aktı" diye. Kokunun bu gibi etkileri en temel fizyolojik cevaplar olmasına rağmen koku merkezlerinin limbik sistemle olan bağlantıları nedeniyle koku birçok davranış olayının düzenlenmesinde de rol oynamaktadır. Bu etkiyi de feromonlar aracılığıyla yaptığı düşünülmektedir.

Kitabımızın önceki bölümlerinde de geçmiş olan feromon kavramının ne olduğunu yeri geldiği için artık açıklayalım. Feromon kelimesi (*pheromone*) Yunancada *phrein* (taşımak) ve *hormone* (uyarmak) kelimelerinden gelmektedir. Aslında feromon bir koku sinyalidir. Ama bu koku sinyali diğer kokularda olduğu gibi bilinçli düzeyde algılanmamaktadır. Mesela bir fırına girdiğinizde burnunuza gelen taze ve sıcacık ekmeğin kokusunu hemen fark edersiniz değil mi? Hatta "Ekmek soğumadan eve gideyim de içine tereyağını gömeyim" şeklinde hayaller bile kurmanıza neden olabilir bu kadim koku. Söz konusu feromon olduğunda durum oldukça farklılık göstermektedir. Yani feromon olan bir ortama girdiğinizde "Burası mis gibi feromon kokuyor" demezsiniz. Feromon sinyali beyninizin derin bölgeleri tarafından algılanır ama bu algı sizin bilinç düzeyinize ulaşmaz. Özetle söylemek gerekirse feromon, kokusu olmayan bir kokudur.

İşin ilginç tarafı birçok hayvanda fonksiyonları çok iyi anlaşılmış olan feromonların insandaki önemi çok fazla açıklığa kavuşturulamamıştır. Örneğin çiftleşen dişi fareler ortamda başka bir erkek fareye ait idrar kokusu aldıkları zaman, embriyoları uterus duvarına yapışmıyor ve hamile kalamıyorlar. Bu muhteşem bir savunma mekanizmasıdır. Çünkü ortamdaki yabancı erkek, ilerleyen hamilelik döneminde anneye ve doğmamış yavrularına zarar verebilir. Bunu en baştan hisseden farede, embriyonun normalde yapışması gereken uterus duvarına yapışmamasının nedeni feromonlar olarak gözükmektedir. Bu örnek bile tek başına, feromonların ne kadar kuvvetli moleküller olduğunu göstermektedir.

İnsana baktığımızda mekanizması tam anlaşılamamış olsa da feromonların varlığını gösteren çeşitli çalışmalar bulunmaktadır. Örneğin bu çalışmalardan birinde bir grup kadının kol altlarına, sekiz saat boyunca orada durması gereken pamuk pedler yerleştirilmiştir. Bu pedlerden elde edilen kokusuz bileşikler diğer kadınlara koklatıldığında koklayan kişilerin adet döngüsünün, kokunun sahibinin adet döngüsüne göre kısaldığını veya uzadığını göstermişlerdir. Yani diğer kadınların adet döngüleri, kokunun kaynağı olan kadının adet döngüsüne göre senkronize olmuştur. İlginç bir şekilde, bu kadınlara yukarıdaki yöntemle elde edilmiş erkek kokusu koklatıldığında ise aralarındaki senkronizasyon hemen bozulmuştur.

Bağışıklık Sistemi ve Koku

Vücut kokusu akrabalık bilgilerinin aslında genetik seviyede nasıl kodlandığı ile ilgili çok güzel bir örnektir. Mesela yeni doğum yapmış anneler, henüz bir saatlik olan bebeklerini sadece kokusundan bile ayırt edebilmektedirler. Benzer şekilde sadece iki günlük olan bebekler ise annelerini kokularından tanıyabilmektedir. Bu durum gerçekten çok kuvvetli bir belirleyici unsur olup hayatımızın birçok aşamasında önemli bir savunma mekanizması olarak görev yapmaktadır. Örneğin bağışıklık sistemimiz üzerinden konuşacak olursak insanda bağışıklık sistemi için kodlanan ve MHC (major histocompatibility complex) adı verilen, kişiye özel bir gen grubu bulunmaktadır. Bu gen grubunun görevi size özel bağışıklık sisteminin oluşmasını sağlamaktır.

Diyelim ki benzer MHC grubuna sahip iki kişi birbirleriyle evlenip bir çocuk yaptılar. Anne ve babanın MHC grupları aynı olduğundan bebeğin grubu da anne ve babasıyla aynı olacaktır. Bu durum bebek açısından önemli bir sorun oluşturabilir. Mesela bebeğin sahip olduğu bağışıklık sistemini delip geçebilen bir virüs olduğunu varsayalım. Sonuç olarak bebeğin bu virüs karşısında hiçbir şansı yoktur. Ama eğer anne ve baba birbirlerinden farklı MHC gruplarına sahip olsaydı bebek hem annesinin hem de babasının savunma mekanizmasını bağışıklık sistemine yerleştirebilecekti. Böylece dış etkenlere karşı daha zengin bir savunma sistemine sahip olacaktı. Bu bilgiden hareket edersek insanlar kendilerine MHC gen grubu açısından ne kadar uzak insanları seçerlerse doğacak bebeğin bağışıklık sistemi o kadar kuvvetli olacaktır. O zaman hayatımıza sokacağımız kişinin bize en uzak MHC olduğunu nasıl algılayabiliriz? Acaba bu MHC dediğimiz şey dışarıdan görülebilir bir şey midir yoksa her hoşlandığımız kişi için kan analizi mi yaptırmamız gerekmektedir? Aslında bunların hiçbirine gerek yok sevgili okuyucu. Sen sadece içinden gelen sese kulak ver.

İsviçre'de Claus Wedekind adlı bilim insanı ve ekibi tarafından 1995 yılında gerçekleştirilen bir deneyde, birbirinden farklı MHC gruplarına sahip erkekler iki gün boyunca hiç üzerinden çıkarmadan aynı tişört ile dolaşmışlardır. Bu arada iki gün boyunca üzerlerine herhangi bir parfüm, koku vs. sıkmamışlardır. Daha sonra bu tişörtler, bir grup kadına koklatılmış ve sadece bu kokulardan yola çıkarak kendilerine en uygun olabilecek kişiyi seçmeleri istenmiştir. Ortaya çıkan sonuçlar inanılmazdır. Kadınların sadece tişörtlerini koklayarak seçtikleri erkekler kendilerine göre en farklı MHC grubuna sahip erkekler olmuştur.

Almanya'da 2006 yılında yapılmış olan bir başka çalışmada 40 gönüllüye, 61 farklı kişiye ait kokular benzer bir yöntemle koklatılmıştır. Gönüllüler kendilerine verilen kokuları koklarken aynı anda beyin görüntülemeleri yapılmıştır. Sonuçlara baktığımızda gönüllüler kendilerine benzer MHC'ye sahip insanların kokusunu koklarken beyinlerinde oluşan yanıtlar daha hızlı ve kuvvetli oluşmaktadır. Yani sadece koku aracılığıyla bağışıklık sistemi açısından bize benzeyen ya da uzak olan insanları farkında olmadan ayırt edebilmekteyiz. İşte bu nedenle herhangi bir biyokimyasal test için bir laboratuvara gitmene gerek yok. Sahip olduğun muhteşem sistem senin için hepsini analiz ediyor. Üstelik bedavaya.

Korkuyu Koklamak

Denise Chen adlı araştırmacı 2000 yılında yaptığı çalışmada bir gruba korku filmi, başka bir gruba ise komedi filmi izletmişti. Kollarının altına yerleştirilen pedler aracılığıyla bu kişilerin kokuları toplanıp farklı insanlara koklatılmıştı. Bu pedleri koklayan kişiler çok ilginç biçimde, hangi kokunun korku filmi izleyen kişiye, hangi kokunun ise komedi filmi izleyen kişiye ait olduğunu tespit edebilmişlerdi. Yani korkunun da mutluluğun da kendisine ait bir kokusu bulunmaktaydı. Bu arada şunu da hatırlatmakta fayda var. İnsanlar korktuklarında vücutlarından salınan kokunun kimyasal içeriği, kişileri çevresel uyaranlara karşı daha duyarlı hâle getirmektedir. Aslında bu durum çok da mantıklıdır. Zira korku durumunda tüm algıların daha keskin olması hayatta kalma açısından oldukça önem taşıyabilir. Chen ve ekibi buradan yola çıkarak 2006 yılında yaptıkları bir başka ilginç çalışmada, korkan kişilerden almış oldukları terleri koklayan kişilerin sözel testlerde daha iyi performans gösterdiklerini ortaya koymuşlardır.

Bir Yabancının Kokusu

Koku, farkında olmasanız da sosyal ilişkilerinizi belirleyen oldukça önemli bir unsurdur. Lündström ve arkadaşlarının 2007 yılında yaptıkları beyin görüntüleme çalışmalarında beynimizin farklı vücut kokularına nasıl tepki verdiği gösterilmiştir.

Araştırmaya katılan gönüllülere kendi kokusu, uzun süredir görüştüğü yakın bir arkadaşının kokusu ve hiç tanımadıkları birisinin kokusu koklatılmıştı. Kişiler yabancı birinin kokusunu kokladıklarında beyinlerinde amigdala ve insula bölgeleri aktifleşmişti. Bu bölgeler korku, tiksinme ve diğer birçok duygu ile yakın bağlantı hâlinde olan alanlardır.

Tanıdık birinin kokusunu aldıklarında ise *retrosplenial korteks* adını verdiğimiz, beynin benzer şeyleri bir arada kodladığı bir alan aktifleşmekteydi. Özetle, siz farkında olmasanız da beyniniz, koku aracılığıyla ortamdaki yabancı insanların varlığını çok hızlı algılayabilme yeteneğine sahiptir.

Sen Ne Kokuyorsun?

Yukarıda özetlediğimiz gibi koku aslında siz farkına varamasanız da sizin adınıza birçok kararı otomatik olarak vermektedir. Yapılan araştırmalar kadınların koku konusunda erkeklere göre çok daha fazla hassas olduklarını göstermiştir. Bu hassaslık iki noktada çok işe yaramaktadır. İlk olarak kendisine eş olarak seçeceği erkeğin, doğacak yavru için en uygun genlere sahip olmasını sağlamaktadır. Ayrıca yavru doğduktan sonra onunla kurulacak olan bağ ve iletişim için de çok önemlidir. Aslında ikinci bahsettiğim konu hayvanlar dünyası açısından olmazsa olmaz bir meseledir. Daha önceki bölümlerde sizi bir hormonla tanıştırmıştım. Oksitosin adlı bu hormon doğum sırasında rahim kaslarını kasıyordu, süt salgılanmasına aracılık ediyordu ve kişiler arasındaki bağı kuvvetlendiriyordu. Eminim hatırlamışsınızdır. Bu hormonun oldukça ilginç bir özelliği daha bulunmaktadır sevgili okuyucu. Yapılan hayvan çalışmaları; yavru, doğum kanalından geçerken artan oksitosin hormonunun aynı zamanda beyindeki bazı bölgeleri uyararak kokuya karşı aşırı bir duyarlılık oluşturduğunu göstermiştir. Doğal olarak artan koku duyarlılığı sayesinde yavruları doğar doğmaz onları koklayarak kokularını hafızasına yerleştirecektir. Hayvanlarda oluşan bu koku hafızası çok önemlidir. Örneğin doğum yapan hayvan, yavrusunu ilk beş dakika içerisinde koklayamazsa onu tanımlayamayacağı için ne zaman beslenmeye gelse onu reddedebilecektir.

Tezimde yeni doğanlar ve fetüsler (henüz doğmamışlar) üzerinde çalıştığımdan yukarıdaki bu bilgiyi defalarca gözlemleme şansım oldu. Deney hayvanları ile ilgili temel kurallardan biridir: Yeni doğmuş hayvanları asla çıplak elle tutmayın. Bu, hem deney hayvanları ile çalışma kurallarına aykırıdır hem de o hayvanın daha sonra kafesine konduğunda bir takım problemler yaşamasına neden olabilir. Örneğin eğer yeni doğmuş bir sıçan yavrusuna çıplak elle dokunursanız o yavrunun geleceğini mahvetmiş olursunuz. Çünkü dişi sıçan yaklaşık 21 günlük hamileliği sonucunda 8–12 yavru doğurmaktadır. Oldukça küçük olan bu yavruların her birine bir isim vermediğini düşünürsek onları sadece kokularından tanıyabilecektir. Doğal olarak siz bir yavruya çıplak elle dokunduğunuzda elinizden bulaşan koku nedeniyle yavru artık siz gibi kokacaktır. Bu durumda anne bu yavruyu beslemeyi reddedebilir. Ya da daha kötüsü, başka bir sıçanın yavrusu olduğunu düşünerek ona zarar verebilir.

Bu kadar derin ve inanılmaz etkili olan koku duyumuzla ilgili son kısımda şu cinsiyet farkına değinelim. Yapılan çalışmalar, kadınların koku konusunda erkeklere göre çok daha hassas olduklarını göstermiştir. Bunun altında yatan nedenleri önceki kısımda özetlemiş olduk aslında. Kadınlardaki bu hassaslık özellikle ovülasyon döneminde en üst seviyeye ulaşmaktadır. Bu arada söz konusu koku meselesi ve oksitosin hormonu olduğunda insanlar açısından oldukça ilginç bir durumdan söz etmeden bitirmeyelim. Daha önceki kısımlarda çocuğu olmasa da bekâr kadınların herhangi bir bebek ile olan ilişkilerinden bahsetmiştim. Yani anne olsun ya da olmasın hemen her kadın bir bebeği eline alıp onu sevmeye bayılır.

Yapılan araştırmalar bebeğin kokusunun kadınlarda oksitosin hormonu salgılanmasına yol açtığını göstermiştir. Sevgili erkekler hatırlayacağınız üzere oksitosinin aşk ve bağlılık konusunda ne kadar etkili bir hormon olduğundan önceki bölümlerde uzun uzun bahsetmiştik. Doğal olarak, hoşlandığınız bir kız varsa bu kızla bol bol bebek ziyareti yapmanız sizler için çok ilginç bir avantaja dönüşebilir. Umarım bu tavsiyem sonucunda hastanelerin kadın doğum servisleri el ele dolaşan çiftler tarafından istila edilmez.

Öpeyim de Geçsin

Dokunma duyusu söz konusu olduğunda kadınların erkeklere göre çok daha hassas olduğu hemen herkes tarafından bilinen bir gerçektir. Gündelik hayatımızda bu konuda çok fazla örnek bulunmaktadır. O nedenle bu bölümü yazmamdaki asıl sebep dokunma duyusu ile ilgili olarak yaşadığımız enteresan bir durumu sizinle paylaşmaktır. Hepimiz şahit olmuşuzdur. Bir bebek elini, ayağını bir yere vurup ağlamaya başlayınca başta anneler olmak üzere tüm ebeveynlerin yaptığı bir davranış şekli ve kullandığı bir cümle vardır "Öpeyim de geçsin". Bu davranış modelinde ebeveyn çocuğun ağrıyan yerini öpmektedir ve ilginç bir şekilde bu sihirli öpücük bebeğin sakinleşmesinde oldukça işe yaramaktadır. Peki, hiç merak ettiniz mi neden böyle bir şey yaparız ve bu öpücük ağrıyı nasıl hafifletir? Bir şefkat veya sevgi paylaşımı mı ağrımızı hafifleten? Gerçekten de sevginin gücü ile ağrı duyusu yok edilebilir mi?

"Sevginin gücü ve ağrı üzerine hafifletici etkileri" eminiz ki çok ilginç bir yazı konusu olmakla beraber, okumakta olduğunuz bu yazının içeriğiyle hiçbir ilgisi yoktur. Aslında yukarıdaki sorumuzun cevabı oldukça basit bir fizyolojik kanuna dayanır. Gelin bunu açıklamaya çalışalım. Daha önce reseptörlerden bahsetmiştik. Her ne kadar ismi bir dinozor türüne aitmiş gibi gözükse de reseptör, aslında dış uyaranları (ısı, ışık, dokunma, ağrı vs.) spesifik olarak algılamakta ve bunları beynimizin algılayabileceği bir şekilde elektriksel akımlara dönüştürmektedir. Çünkü beynimiz diğer organ ve yapılarla olan iletişimini elektriksel akımlar ile sağlamaktadır. Yine hatırlayacak olursanız reseptörlerde oluşturulan elektriksel akım, kablolara benzeyen sinir lifleri aracılığıyla beyne iletilmekteydi. Her ne kadar dışarıdan ilk bakıldığında fark edilemese de sinir sistemini muhteşem yapan özelliklerinden birisi de algılanan her duyunun ayrı ayrı liflerle beyne iletilmesidir.

Örneğin derinizde hissettiğiniz ağrı duyusu, titreşim duyusu veya dokunma duyusu farklı farklı kablolarla beyne iletilmektedir. Peki, bu kablolar arasında bir fark var mıdır? Aslında kablolar arasındaki en temel fark kalınlıklarından kaynaklanmaktadır. Kalın sinir lifleri, elektriksel sinyali ince liflere göre daha hızlı iletme özelliğine sahiptirler. Özetle temel kuralımız şudur: Kablonuz ne kadar kalınsa ilettiğiniz sinyal, beyindeki merkeze o kadar hızlı ulaşır. Bu kısa temel kavramlardan sonra şunu söyleyelim. Ağrı duyusunu taşıyan kablolar oldukça inceyken dokunma duyusunu taşıyan sinir lifleri oldukça kalındır. Kalın sinir lifleri daha hızlı bir iletim sağladığından benzer bir bölgede oluşan dokunma ve ağrı hisleri söz konusu olduğunda dokunma hissi beyine daha önce ulaşacak ve daha önce algılanacaktır. Şimdi gelin bu durumu bir örnekle canlandıralım.

Mesela gecenin geç saatleri ve siz de sandalyenize gömülmüş yoğun bir şekilde bir şeyleri yetiştirmeye çalışıyorsunuz. Lakin uyku iyice bastırdığından kafanız yavaş yavaş düşmeye başlıyor. Uykunuzun kaçması için kalkıp yüzünüzü yıkamaya karar veriyorsunuz. Hızlı bir şekilde kalkarken dizinizi ya da ayak serçe parmağınızı masanın kenarına oldukça sert bir şekilde çarpıyorsunuz. Hepimizin başına gelmiş olan bu oldukça acı verici olay sonrası hemen refleksel bir şekilde vurduğumuz yeri ovarız. Bilinçli olarak yapmadığımız bu hareket sayesinde hissettiğimiz ağrıyı bir miktar hafifletmiş oluruz. Çünkü dizinizi veya ayak parmağınızı vurduğunuzda oluşan ağrı duyusu beyne iletilirken biz aynı bölgeyi ovarak oradaki dokunma duyusunu da aktifleştiririz. Yukarıda açıkladığımız özelliklerden dolayı dokunma duyusunu taşıyan kablolar daha kalın olduğundan ağrı duyusundan daha hızlı bir şekilde beyine iletilecektir. Böylece ağrı duyusunun beyinde algılanması hafifletilmiş olur. Bu olay da hissettiğimiz ağrıyı oldukça azaltır. O nedenledir ki ne zaman bir yerimizde ağrı oluşsa (diş, baş ağrısı vs) biz o bölgeyi ovarız.

Bu temel fizyolojik açıklamadan sonra tekrar anne ve bebeğimize geri dönelim. Fiziksel bir temas sonucu bebeğin herhangi bir yerinde bir ağrı oluştuğunu varsayalım. Bu durumda anne, ilgili bölgeyi öperken annenin dudaklarının buraya değmesi bebeğin ağrıyan bölgesindeki dokunma duyusunu aktifleştirdiğinden bebeğin hissettiği ağrı azalacaktır. Aslında siz ilgili bölgeyi öpmeyip ovalasanız da aynı sonuç oluşurdu. Bu noktada kafanızda şöyle bir soru oluşabilir. Tamam, bebeğin ağrısının hafiflemesini anladık da anne niye bu bölgeye dudakları ile dokunuyor? Adam gibi parmakları ile ovsa olmaz mıydı? Bu sorunun cevabı için dudaklara daha yakından bakmak gerekir.

Bebekler Salak mıdır? (Bir Dudak Hikâyesi)

Söz konusu insan olduğunda yavrular diğer memelilerden farklı olarak sinir sistemi tam olarak gelişmemiş doğar. Bunun nedeni annenin pelvis açıklığıyla (bel kalça bölgesi) ilgili bir meseledir. Zira eğer sinir sistemi tümüyle geliştikten sonra doğsaydı kafası büyük olacağından pelvis bölgesinden geçemezdi. O nedenle de sinir sistemi tam gelişmeden doğarlar ve ciddi bir bakıma muhtaçtırlar. Eğer herhangi bir bebekle bir süre vakit geçirdiyseniz bebeklerin sürünmeye başladıkları dönemde ne kadar tehlikeli hâle geldiklerini bilirsiniz. Zira gördükleri her yere işaret parmağını sokarlar. Bu da yetmezmiş gibi buldukları tüm nesneleri ağızlarına götürürler. Peki, hiç düşündünüz mü niye böyle bir şey yaparlar? Acaba konuya Fransız olan bazı babaların dediği gibi diş etleri mi kaşınıyordur yoksa bebeğimiz çok mu acıkmıştır?

Beynin ortalarında bir yerde birbirine komşu iki bölge bulunmaktadır. Bunlardan biri "duysal korteks" diğeri ise "motor korteks"tir. Kelimeler kafanızı karıştırmasın. Duysal korteks dediğimiz bölge vücudumuzdan gelen duyuların (dokunma, basınç, titreşim, gerilme, ağrı vb.) işlenip algılandığı bölgedir. Motor korteks ise beynimizin karar verdiği hareketleri yapmamızı başlatan merkezdir (Mesela bir düğmeye basmak istediğinizde ilk emir motor korteksten çıkar.). Bu kısımda bizi ilgilendiren kısım duysal korteks. Vücudumuzdan gelen duyular beynimizin bu bölgesinde spesifik alanlara giderler. Yani elimizden gelen lifler başka bir bölgeye, dudağımızdan gelen lifler başka bir bölgeye gitmektedir. İlginç olan kısım ise beyne gelen bu duyuların kapladığı alan miktarları birbirinden farklıdır. Burada temel kural şudur: Hangi organ ne kadar hassas-ayrıntılı hissediyorsa beyinde ilgili bölgede kapladığı alan o kadar büyüktür. Örneğin vücudumuza dışarıdan baktığımızda sırtımızın kapladığı alan oldukça fazlayken parmaklarımızın kapladığı alan sırta göre çok daha küçüktür. Fakat sırt ve parmakların beyindeki temsil bölgesine bakarsak parmaklar çok daha işlevsel olduklarından beyinde kapladıkları alan sırttan daha fazladır. Eğer vücudumuz beynimizdeki temsil alanları ile orantılı bir vücut yapısına sahip olsaydı oldukça ilginç bir görünüme sahip olacaktı. Bu temsili vücuda Latincede "küçük adam" anlamına gelen "homunkulus" denir. Herhangi bir arama motoruna *homonkulus* yazdığınızda bu ilginç görünümlü adamla tanışabilirsiniz.

Beyinde duysal korteksteki temsili alanda, en çok alanı kaplayan bölgeler dudaklar ve işaret parmaklarıdır. Yani dış dünyayı algılamak istediğinizde vücudunuzda kullanabileceğiniz en hassas iki yapı bunlardır. Bu nedenle bebek bulduğu her şeyi ağzına götürür ve her şeye parmağını sokar. Zira tek yaptığı dış dünyayı tanımaya çabalamaktır. Muhtemelen bir annenin bebeğin ağrıyan yerini öpmesinde dudağın rolü de burada ortaya çıkıyor. Aslında bu fizyolojik bulgu, iki âşık insanın öpüşmesinin altındaki etkeni de oldukça güzel açıklıyor. Zira bu davranış modeli ile aslında her iki tarafın da dış dünyayı ve insanları tanımlayabilecek en hassas yapılarını birbirlerini tanımak için kullandığını görüyoruz.

Bölüm 11

Sınırlandırılmış Derin Bölge

Eğer limbik sistemin inanmışsa,
korteksin ne söylediği kimin umurunda...

Tabağa düşen gözyaşını değil ama kızın elinin tersiyle sildiği gözyaşını son anda fark etmişti oğlan. Bu görüntü az önce büyük bir iştahla yuttuğu lokmanın, yemek borusundan mideye geçmeyi reddetmişçesine bir anda göğsünde asılı kalmış gibi hissetmesine neden olmuştu. Kızın ağlamasını görmek oğlanın göğsünün daralmasına yetmişti. Bu tip durumlardan her zaman nefret etmişti. Ne zaman başına bu durum gelse kendisini hiç bilmediği bir oyunun tam da sonuna doğru sahneye itilmiş gibi hissediyordu. Salon tıklım tıklım doluydu ve herkes sahneye itilmişçesine gelen bu garip görünümlü kişiye gözlerini dikmişti. Bu kadar etkili girdiğine göre söyleyecek önemli bir şeyleri olmalıydı. Tüm gözler oğlana bakıyordu ve oğlanın, ne söyleyeceği hakkında hiçbir fikri yoktu. Dalmış olduğu yarı gerçek yarı hayal durumdan çıkması, kızın masadan aldığı peçete sayesinde oldu. Kazandığı birkaç saniye boyunca ne söylemesi gerektiğini düşünmeye başladı. Ne zaman bu durumda kalsa aklına bir yerlerde okuduğu o cümle gelirdi. "Düşünceler duyguların çekim alanlarına girince bükülürler." O kadar doğruydu ki oğlan ne söylerse söylesin hiçbir anlamı olmayacaktı. Hatta evrenin varoluş sırrını bile anlatsa ağzından çıkan kelimeler, kızın kulağına ulaşamadan duyguların oluşturduğu çekim gücü altında paramparça olacaktı.

Tam bu düşünceler içinde cümle aramanın anlamsız olduğu konusunda ikna olmuşken gözleri kızın burnuna kaydı. Kız ne zaman ağlasa burnunun ucunda hafif bir kızarıklık oluşuyordu. Kız kendisinde oluşan bu görüntüden nefret etse de oğlanın, kızın en sevdiği hâllerinden birisi kesinlikle buydu. Burun deliklerinin etrafındaki o hafif kızarıklıkla, burnun geri kalan kısmındaki renk sınırları her za-

manki gibi çok netti. Hani tatlı suyla tuzlu suyun karışmadığı okyanus sınırları vardır ya aynen onlar gibiydi. Bir an kızı ne kadar da çok sevdiğini düşündü ve sadece kıza yaklaşıp burnunun ucunu öpmek istedi. O kadar acayip bir durumdaydı ki âdeta beyninde bir sarkaç vardı ve korkuyla sevgi arasında sürekli gidip geliyordu. Oğlan ellerini başının yanlarına iyice bastırdı. Muhtemelen kafasında deli gibi hareket eden sarkacı durdurmak istiyordu. Yardımı olur diye gözlerini kapadı. Ne oldu ki? Ne yapmıştı? Ortada hiçbir şey yoktu. Kızın bu ara sıra ağlamaları karşısında oğlan bir gün kafayı yiyecekti. Sanki dünya bazen inanılmaz hüzünlü bir şarkı söylüyordu ve bunu tüm insanların arasında sadece kız duyuyordu. Oğlanı bu karışık duygu kokteylinden çekip çıkaran sandalyenin sesi olmuştu.

Kafasını kaldırdığında uzaklaşmakta olan genç kızın sırtını gördü. Kızın kısacık saçları nedeniyle, tüm zarifliği ortaya çıkmıştı, onun ensesine ve buradaki "n" şeklindeki dövmeye bakarken zaman durmuştu. Kız gidiyordu. Oğlan bütün kasları paralize olmuş şekilde oturduğu yerde kalmıştı. Bir an, kıza bir daha hiç dokunamayacağını hissetti. O kadar kuvvetli bir histi ki bu, vücudundaki bütün felcin bir anda kalkmasına neden oldu. Hemen etrafına bakarak garsonu görmeye çalıştı. Ama yine her zamanki şey olmuştu. Tüm yemek boyunca sanki garsonla yemeğe çıkmış gibi etraflarından ayrılmayan garson, hesabı ödemeye gelince sanki mekânı terk etmişti. Refleks olarak ayağa kalktı. Dışarıdan çok komik göründüğüne şüphe yoktu. Zira ayakta garson beklemek pek de âdeti sayılmazdı. Garson ne zaman döner bilmiyordu ama kız mekânı terk edeli epey olmuştu. Ayağa kalkınca pencereden dışarıyı daha net görmeye başladı. Yağmur yağıyordu ve oğlanın aklında tek cümle vardı. Acaba kızın üzerinde yeterli para var mıydı? Kız o kadar inatçıydı ki benzer bir tartışmada kilometrelerce yol yürüdüğünü çok iyi biliyordu. Bu sefer geç olmadan kızı yakalamalıydı…

(Devam edecek)

Kitabın ilk bölümlerinde kendisinden sıkça bahsettiğimiz Paul Broca, hatırlayacağınız üzere kadın ve erkek beyni farklarını bilimsel düzeyde ilk araştıran kişiydi. Her ne kadar sonuçları erkek egemen bir mantıkla yorumlamış olsalar da o dönem için gerçekten önemli bir bilimsel girişim olduğunu kabul etmemiz lazım. Broca, o kadar çok beyin kesip biçti ki beyne baktığınızda gözle görülebilen çok belirgin bir farklılık tabii ki de gözünden kaçmadı. Eğer beyni önden arkaya doğru olacak şekilde ikiye bölerseniz ilginç bir görünüm ile karşılaşırsınız. Beynin iç kısmında dıştaki kıvrımlı korteksten bariz bir şekilde ayrılan bir bölge bulunmaktadır. Aşağıdaki resimde bu farklılığı görebilirsiniz. Broca, dış tabakadaki kıvrımlı yapıda olan kortekse hiç benzemeyen ve beyin sapının etrafında adeta bir sınır oluşturan bu bölgeye "limbik lob" adını vermişti. Latincede "limbik" kelimesi "sınır" anlamına gelmekteydi. Burası gerçekten de beynin ortasında, sınırları oldukça net, garip bir bölgeydi. Broca, bu sınırlı bölgenin tam olarak hangi işlevden sorumlu olduğunu kestiremese de burasının büyük bir ihtimal koku ile ilgili bir alan olabileceğine inanıyordu. Ama kadın ve erkek beyniyle ilgili yaptığı tespitlerde olduğu gibi bu konuda da yanılmıştı. Çünkü bu sınırlı bölge aslında tüm duygularımızın merkezi olan ve bilinçli olarak kontrol etmenin imkânsız olduğu çok özel bir alandı. Adeta beyin içindeki "derin beyin" idi.

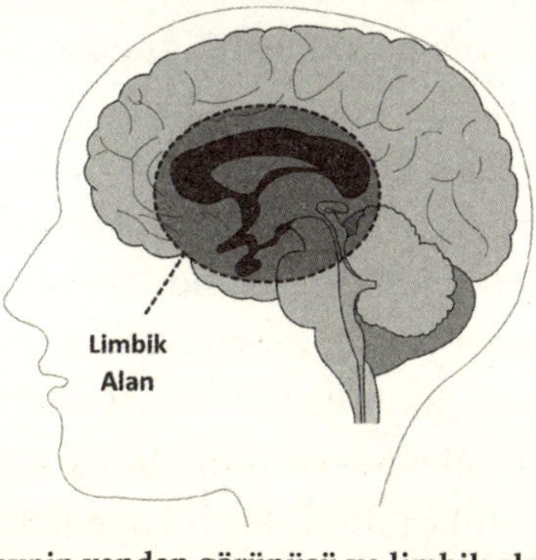

Beynin yandan görünüşü ve limbik alan

Broca'nın ardından, limbik bölgenin duygularımızla ilgili olabileceği görüşü 1930'lu yıllarda James Papez adlı bir bilim insanı tarafından öne sürülmüştü. Günümüzde kullandığımız bilgilere yakın, oldukça yerinde gözlemler yapan Papez'in yanıldığı en önemli nokta öfke duygusu ile ilgili öne sürdüğü hipotezdi. Sevgili okuyucu, limbik adını verdiğimiz bu derin bölgede oldukça havalı isimli, birbirinden ilginç görevleri olan yapılar bulunmaktadır. Ama biz bu yapılardan sadece ikisini bu kitapta ele alacağız. Bu yapılardan ilkinin adı hipokampüs, diğerinin adı ise amigdaladır. Hipokampüs kelimesinin Türkçe karşılığı "denizatı"dır. Zira beyin kesitlerinde bu bölge denizatına benzer bir şekilde gözüktüğünden kendisine bu ad verilmişti. Amigdala kelimesinin Türkçe karşılığı ise "badem" demektir. Zira dış görünüşünün bademe oldukça benzemesi nedeniyle inanın bu ismi tümüyle hak etmektedir. Peki, Papez'in limbik sistemle ilgili olarak yanıldığı konu neydi? Papez, beyinde öfke ile ilgili merkezin, hipokampüs adlı yapı olabileceğini düşünüyordu. Aslında bunun için oldukça geçerli bir sebebi bulunmaktaydı. Günümüzde çok fazla karşılaşmasak da bir dönem kuduz vakaları oldukça yaygındı. Kuduz bir köpek tarafından ısırılan kişide zamanla bir öfke ve saldırganlık durumu oluşuyordu. O nedenle bu kişiler toplumdan uzak bir yerde kilitli tutuluyorlardı. Kuduzun etki mekanizmasına yakından baktığımızda *rabies* isimli virüsün bulaştığı kişinin beynindeki hipokampüs bölgesine saldırdığını görüyoruz. Papez de bu bilgiden yola çıkarak şu yorumu yapmıştır. Eğer kuduz virüsü hipokampüs bölgesini etkiliyor ve bu vakalarda ilerleyen dönemde öfke nöbeti geçiriliyorsa hipokampüs bölgesi öfke duygusundan sorumlu olmalıdır. Aslında oldukça mantıklı gözükse de unuttuğu tek şey limbik bölgedeki yapıların birbirleriyle inanılmaz derecede yakın ilişki içinde olduklarıdır. O nedenle bugün biliyoruz ki öfkeden sorumlu bölge amigdaladır. Bunun keşfi de aslında oldukça ilginç bir hikâyeden oluşmaktadır.

Heinrich Klüver ve Paul Bucy yaşadıkları dönem için oldukça enteresan iki bilim insanıydı. Özellikle Klüver müthiş biriydi. İzleyenler için söyleyelim, Doktor House tadında bir bilim insanıydı. Kendisini şöyle anlatalım: *Meskalin* adlı halüsinasyon oluşturan bir maddenin etki mekanizmalarını araştırmak için *meskalini* içip daha sonra gördüğü halüsinasyonları not alan bir adamdan bahsediyoruz. Test ettiği birçok şeyi önce kendisinde dener, ardından maymunlarında test ederdi. Zaten ekip arkadaşı olan Bucy, Klüver için şunları söylemektedir: *Klüver her şeyini maymunları ile paylaşırdı, öğle yemekleri dâhil.*

Klüver maymunlarına *meskalin* verdikten sonra oldukça ilginç bir durumun ortaya çıktığını gördü. Maymunlar sürekli dudaklarını yalamakta, ısırmakta hatta çiğnemekteydi. Aslında bu durum karşısında oldukça şaşırmıştı. Zira benzer bulgular, temporal lob epilepsisi olan hastalarda da gözüküyordu. O zaman belki de *meskalin,* temporal loba etki ediyordu. Bunu anlamanın tek yolu vardı. Hayvanın beyninden temporal lobu çıkarırlarsa bunu anlayabilirlerdi. Peki, bu cerrahi operasyon için hangi maymunu kullanacaklardı? Aslında sorunun cevabı çok açıktı. Çünkü ekibin maymunları arasında yaşlı bir dişi maymun bulunmaktaydı. Bu maymunun özelliği inanılmaz hırçın olmasıydı. Maymun o kadar saldırgandı ki "Size zarar veremezse en azından elbisenizi parçalardı" diyor Bucy hayvanı anlatabilmek için. Doğal olarak ilk operasyon bu hayvanda gerçekleştirildi ve hayvanın beyninden medial temporal lobun büyük bir kısmı çıkarıldı.

Bucy'nin hatıralarında anlattığına göre ertesi gün telefonu deli gibi çalmaktaydı, telefonu açtığında karşısında Klüver'in heyecan dolu sesini duydu. Klüver büyük bir merak içinde Bucy'e "Hayvanıma ne verdin" diye sormaktaydı. Çünkü Klüver'in söylediğine göre operasyon sonrası o çılgın ve saldırgan hayvan gitmiş, yerine oldukça sakin bir hayvan gelmişti. Aslında hayvanın sakinleşmesinin nedeni beyninden çıkarılan bölge ile ilgiliydi.

Daha sonra başka hayvanlarda da yaptıkları çalışmalarda, temporal lobu çıkarılan hayvanlar cerrahi öncesi hırçın, vahşi ve insanlara karşı korku sergilerlerken cerrahi sonrasında hemen evcilleşmekteydiler. Hatta normal bir maymun yılana karşı doğuştan gelen bir korku reaksiyonu gösterirken temporal lobu çıkarıldığında yılana karşı sergilediği korku ortadan kalkmaktaydı. Yakın dönemde yapılan araştırmalar bazı sonuçları daha net görmemizi sağlamıştır. Klüver ve Bucy, hayvanların medial temporal lobunu çıkardıklarında aslında bu bölge ile beraber amigdala dediğimiz yapıyı da dışarı çıkarmışlardı. Yani aslında tüm bu öfke ve korku ile ilgili oluşan reaksiyonların sorumlusu amigdalaydı. Sadece amigdalanın tahrip edilmesi sonucu, yine aynı bulguların ortaya çıkmasını gösteren çalışmalar da bu bilgiyi destekler nitelikte olmuştur.

Trafikte Deliren Erkekler

Erkeklerin anlık öfke patlamalarını en iyi gözleyebileceğiniz alanlardan biri de şüphesiz ki trafiktir. Tampon tampona ilerleyen trafikte, normalde siz şeridinizde ilerlerken yan tarafınızdaki başka bir araba sizin şeridin daha akıcı olduğunu düşünerek önünüze kırar ya! Özellikle de minibüs şoförlerinin çok sevdiği bu hamle karşısında, yolunda sakin sakin giden erkek sürücümüzün bir anda delirdiğini görürsünüz. Önce kornaya abanır, ardından sağlam bir küfür gelir. Muhtemelen o an yanında bir kadın varsa sakinleşmesi gerektiğini söyler ve öfke kontrolü konusunda kendisine kısa bir sunum yapar. Ama adamımızın öfkesi patlamıştır bir kere. Bunu, suratının kızarmasından çok net anlarsınız zaten. Bu arada eğer minibüs şoförü kendisine karşılık verdiyse gelişen olaylar, arabaları durdurup hiç tanımadığı bu adam ile yumruk yumruğa gelmesine bile neden olabilir. Aslında baktığınız zaman, minibüsün önünüze geçmesi bu denli önemli midir? Yani bir aracın önünüze geçmesinin size kaybettireceği süre en fazla ne kadar olabilir ki? Birkaç dakika kaybetmemek için bu kadar büyük bir tehlikeye girmeye değer mi? Gerçi sarı ışık yanınca kornaya abananların olduğu bir ortamda birkaç saniye bile çok uzun bir süre olabilir.

Şu an bu kitabı okuyan biri olarak birkaç dakika için böyle bir riski almanın mantıksızlığı konusunda hemfikirizdir diye düşünüyorum. Peki, içimizde bunu söyleyen kim? Oturduğu yerde kitabını okuyan frontal korteks tabii ki. Yani beynimizde bilinçli hareketlerden ve mantıklı karar vermeden sorumlu olan bölge. Peki, bu bölge aynı mantıklı düşünceyi yumruk yumruğa girecek kişiler ile niye paylaşmıyor? Çünkü öfke meselesi limbik sistemin uzmanlık alanı olduğu için söz sahibi de kendisi oluyor.

Konu beynimiz olunca bir gerçeği sık sık hatırlamak lazım sevgili okuyucu. Eğer limbik sistem ve frontal korteks bir konuda ayrışırlarsa büyük bir ihtimal savaşı derin beyin olan limbik sistem kazanacaktır. Bu, tümüyle ilgili olayın duygularınızı ne kadar kuvvetli etkilediği ile alakalıdır. Tekrar hikâyemize dönecek olursak erkeğin bu denli büyük tepki vermesini sağlayan yapı aslında amigdaladır. Kadın ve erkek beynini incelediğimizde amigdalanın erkeklerde kadınlara göre daha büyük olduğunu görüyoruz. Ayrıca yapılan çalışmalar erkek amigdalasının üzerinde daha fazla testosteron reseptörü olduğunu göstermektedir. Ne kadar çok testosteron reseptörü, o kadar kuvvetli öfke patlaması anlamına gelmektedir. İşte bu iki nedenden dolayı basit bir olayda bile erkekte ani öfke patlamalarını görebilirsiniz.

Peki, kadınlarda durum nasıldır? Kendileri hiç öfkelenmezler mi? Aslında kadınların durumuna baktığımızda, bu tarz durumlarda erkekte olduğu gibi anlık öfke patlamaları yaşamadığını ve sorunu başka yollar ile çözmeye çalıştığını görürsünüz. Yani temeli, kavgadan kaçınmak üzerine kurulu bir strateji uygulamaktadır. Bunun iki nedeni vardır. İlk olarak amigdala adlı yapının kadında erkeğe göre daha küçük olması, öfkenin daha dar çaplı bir etki oluşturmasına neden olmaktadır. Yani erkeğin hissettiği öfke ile kadının hissettiği öfke kesinlikle aynı değildir. İkinci olarak ise daha önceki bölümlerde de bahsettiğimiz üzere, söz konusu mantıklı davranmak olduğunda sazı eline alan frontal korteks adlı yapı kadınlarda daha gelişmiştir. Özellikle beynin bu bölgesinde yer alan prefrontal alan, kadında erkeğe göre daha geniştir ve amigdaladan kaynaklanan öfkeyi sindirebilme gibi oldukça müthiş bir özelliği bulunmaktadır.

Hatırlayacak olursanız kitabın en başından beri sürekli olarak beynimizde oluşan bu cinsiyet farkının, anne karnında maruz kaldığımız testosteron hormonundan kaynaklandığını vurgulamaktayız. Yeri gelmişken bu bilgiyi destekleyen bir hayvan çalışmasını sizinle paylaşalım. Maymunlarda yapılan ilginç bir araştırmada, dişi maymun fetüslerine dışarıdan testosteron enjekte edilmiştir. İlerleyen zamanla birlikte testosteron verilen dişiler tümüyle diğer dişilere benzer şekilde büyümüşlerdir. Ama davranışlarını incelediğinizde testosteron verilen dişi maymunların normal dişilere göre daha saldırgan davranışlar sergilediği gösterilmiştir.

Kadınlar Neden Özel Günleri Hatırlamaya Meraklıdır?

Sevgili okuyucu, kadın ve erkek beyinlerinin anlatıldığı bir kitapta aşkın olmayışı büyük bir eksiklik gibi gözükebilir. Ama siz de takdir edersiniz ki öyle bir ya da iki bölümde ve başlıkta özetlenebilecek bir konu değildir aşk. Aslında neredeyse şu ana kadar okuduklarınızın yarısı kadar bir bölüm kaplamaktaydı yazdıklarım. O nedenle oldukça zor bir karar verip aşk kısmını bu kitaba koymadım. Ama çıkardığım kısım benim de hiç beklemediğim öyle bir hâl almaya başladı ki inanın sonunu ben de çok merak ediyorum. Olur da bir gün yazılanlar biterse belki başka bir kitapta ilginç bir masal olarak karşımıza çıkabilir.

Tekrardan konumuza dönecek olursak güzel bir şekilde başlayan birçok ilişki ilerleyen dönemlerde kendine özgü gibi gözüken bir sürü sorun ile karşılaşmaktadır.

Kültürel ve sosyal faktörlerden bağımsız, hemen hemen tüm erkeklerin kâbusu olan şu konuda bir anlaşalım artık: Genellikle ilişkilerin en temel noktası, başlangıcında ve devamında bir sürü özel anı oluşturacak olayın yaşanmasıdır. Tabii zamanla özel anıların sayısında sağlam bir artış olunca erkeklerin bazı anılardaki detayları hatırlama konusunda ciddi sıkıntıları oluşmaktadır. İlk gidilen film, ilk dans edilen şarkı, ilk yemek yenilen mekânın adı gibi kolay sorularla başlayıp işin içine bir de bunların yaşandığı tarih ve bilmem kaçıncı yıl dönümleri girince erkekte hafiften beyindeki kayışların kopması gibi bir durum ortaya çıkmaktadır.

Acaba erkekler neden bu tarz bilgileri ve doğum günü, yıl dönümü gibi tarihleri hatırlamakta zorlanır? Ya da sorumuzu şöyle de değiştirebiliriz. Bu konular kadınlar için neden bu kadar önemlidir? Örneğin bir erkeğin evlilik tarihini dolayısıyla da yıl dönümünü unutması muhtemelen bir kadın açısından oldukça acı verici bir durumdur. Böyle bir durumda kadın, çok büyük ihtimalle kocasının artık kendisini eskisi gibi sevmediğini ve önemsemediğini düşünecektir. Peki, gerçekten de adam kadını veya yaşadıklarını önemsemediği için mi bu bilgileri hatırlamıyordur? Tuttuğu takımın ilk on birinin isim ve oynadıkları pozisyonunu kolayca ezberleyebilen bir beyin için birkaç rakamı daha ezberlemek çok da zor olmasa gerek diye düşünebilirsiniz sevgili kadınlar. Ama aslında durum düşündüğünüzden bir miktar farklı gelişmektedir. Bu meseleyi daha iyi anlamak için gelin şu hafıza meselesine bir el atalım.

Şu anki bilgilerimize göre beynimizde oldukça fazla hafıza çeşidi ve bunların düzenlendiği çeşitli merkezler bulunmaktadır. Ama şu an okumakta olduğunuz yazının konusunu iki temel hafıza tipi oluşturmaktadır. Klasik hafıza konusunda hipokampüs adını verdiğimiz yapı oldukça önemlidir. Çünkü yeni öğrendiğiniz bir fizik formülü, cep telefonu numarası gibi sıradan olan bilgilerin depolanmasında hipokampüs düzenleyici rol oynamaktadır. Bu gündelik bilgilerden farklı olarak hayatınızda duygusal anlamda sizi etkileyen önemli olaylar ise amigdala aracılığıyla depolanmaktadır. Yani amigdala duygusal hafızadan sorumludur. Bu bölümün en başında belirttiğimiz gibi limbik sistemin en önemli iki yapısı burada yine karşımıza çıkmaktadır. Özetle bilgisel hafıza hipokampüs aracılığıyla oluşurken duygusal hafıza amigdala aracılığıyla oluşmaktadır. Bu iki hafıza tipi arasındaki en önemli ayrıntı, hipokampüs aracılığıyla öğrendiğimiz bilgiler tekrar edilmedikleri müddetçe unutulmaya mahkûmken amigdala aracılı öğrendiğimiz bilgiler asla unutulmamaktadır. Bu durum aslında çok mantıklıdır. Zira bir olay sizi duygusal anlamda çok etkilediyse o olayla ilgili bilgiyi unutmamak sonrası için önemli bir avantaj olacaktır. İşte bu nedenle öğrendiğiniz bilgiyle duygusal bağ kurmak önemli hâle gelmektedir. Böylece duygusal bağ kurmuş olduğunuz bilgiyi hatırlamak daha kolay olacaktır.

Hatırlayacak olursanız bir önceki bölümde amigdala adlı yapının erkeklerde daha büyük olduğundan bahsetmiştik. Bu nedenle erkekler daha kolay öfkeleniyorlardı. Eğer amigdala duygusal hafızadan sorumlu ise bu durumda erkeklerin duygusal olayları daha kuvvetli hatırlaması gerekmez mi? Ama gelin görün ki gündelik hayatta tam tersi bir durum söz konusudur. Örneğin evlilik duygusal anlamda önemli bir olaydır ama yıl dönümü genellikle erkekler tarafından unutulur. Sevgili okuyucu, farkındaysan kitabın başından beri ilk kez öğrendiğimiz bir bilgi gündelik yaşantımızda deneyimlediğimiz bilgi ile uyuşmuyor. Peki, neden böyle bir durum ile karşı karşıya kaldık? Yakın dönemde yapılan bir çalışmada tesadüf eseri ortaya çıkan oldukça ilginç bir sonuç, sorumuza cevap olacaktır.

İnsanlarda, beyni görüntülemek için Pozitron Emisyon Tomografisi (PET) yönteminin kullanıldığı bir çalışmada ilginç bir durum ortaya çıkmıştı. Çalışma ekibi daha önce hayvan deneylerinde gösterilmiş olan amigdalanın duygusal hafızadaki rolünü insanda göstermeyi amaçlamışlardı. Çalışma sırasında deneye katılan gönüllülere duygusal anlamda rahatsız edici görüntüler içeren çeşitli filmler izlettirildi. Denekler filmleri izlerken bir yandan da PET aracılığıyla beyin görüntülemeleri yapıldı. Birkaç hafta sonra filmi izleyen gönüllülere filmdeki detayları ne kadar hatırladıklarını ölçen testler yapıldı. Buldukları sonuçlar hayvan çalışmalarını doğrulamaktaydı. Zira beyin görüntülemesi sırasında amigdala aktivitesi yüksek olanlar hatırlama testinden de yüksek puanları almışlardı. Bu sonuçlar amigdalanın duygusal hafızadan sorumlu olduğunu oldukça güzel ortaya koymaktaydı.

Fakat çalışma ekibi, buldukları sonuçları analiz ederken beklemedikleri bir durum ile karşılaşmıştı. Ellerindeki beyin görüntülerinde bazı gönüllülerin beyninin sol yarıküresinde yer alan amigdala daha kuvvetli aktif olmuşken bazı kişilerin sağ yarıküresinde yer alan amigdalada daha kuvvetli bir cevap gözlenmişti. Daha önceki bölümlerde de çokça bahsettiğim üzere beynimizdeki birçok yapı hem sol hem de sağ yarıkürede bulunmaktadır. Bu yapılardan iki tane olmasına rağmen genellikle bir tanesi daha baskın kullanılmaktadır.

Peki, bu çalışma sonucunda niye bir grup sağ taraftaki amigdalayı baskın kullanırken diğer grup sol taraftakini baskın olarak kullanmaktaydı? Bunun cevabını arayan ekip, çalışma sonucuna göre grupları ayırdığında sağ amigdalayı baskın kullananların çoğunlukla erkekler, sol amigdalayı baskın kullananların da çoğunlukla kadınlar olduklarını keşfetmişlerdi. Oldukça enteresan olan bu bilgi bizi bir garip yolculuğa çıkaracaktı.

Kitabın en başından beri birçok kere tekrarladığımız bir bilgiyi burada yine hatırlayalım. Erkek beyninin sol yarıküresindeki gelişim, anne karnında maruz kaldığı testosteron yüzünden bir miktar gecikiyordu. O nedenle erkeklerin sağ amigdalayı baskın kullanması anlaşılabilir bir durum. Ama gelin görün ki her iki yarıküresini de eşit verimlilikte kullanan kadınların, sol amigdalasını baskın kullanmasının nedeni hakkında bir fikrimiz yok.

Ama bu basit farkın hayatımızdaki yansımaları bazen oldukça büyük olabiliyor. Nasıl mı? Şimdi, sosyal medya ve internetteki çeşitli sitelerde sağ yarıküre ve sol yarıküre farkına dair oldukça fazla geniş bilgi yığınına rastlayabilirsiniz. Günümüz çalışmaları bu bilgilerin çoğunun yeniden gözden geçirilmesi gerektiğini göstermektedir. Ama çok sayıda farklı bakış açısının hepsinin birleştiği temel fikir şudur: Sağ yarıküre genel anlamda olayların ana fikrine odaklanırken sol yarıküre daha çok detaylar ile ilgilenir. Özetle sağ yarıküre genelci, sol yarıküre ise detaycıdır. Bu farktan dolayı sağ amigdala olayların genelinin hatırlanmasında rol alırken sol amigdala olayların detaylarını hatırlamakta görev almaktadır.

Tekrar duygusal hafızayla ilgili yapılan araştırmanın sonuçlarına dönecek olursak kadınların sol amigdalayı daha baskın bir şekilde kullandıklarını görmüştük. Bu nedenle kadınlar duygusal anlamda etkili olan olayların detaylarını asla unutmazlar. Ama erkek sağ taraftaki amigdalayı kullandığından olayın genelini hatırlayacak lakin detayları hatırlamada oldukça zorlanacaktır.

Sağ yarıkürenin genelciliği ve sol yarıkürenin detaycılığı oldukça eski bir görüş olduğundan, araştırma ekibi yeni bir çalışma düzenleyerek bu bilgiyi test etmişlerdi.

Propranolol adlı ilaç, adrenalin ve noradrenalinin aktivitesini azaltan bir beta blokerdir. Yani Türkçe söylersek beyinde amigdalanın çalışmasını baskılayabilmektedir. O zaman bu ilacı gönüllülere verirsek ne olurdu? Yani duygusal hafızadan sorumlu olan amigdalanın çalışmasını baskılarsak kişiler bu durumdan nasıl etkilenirdi? Bu sorular doğrultusunda, gönüllülere önce ilaç verilip daha sonrasında duygusal anlamda etkileyiciliği güçlü bir film izlettirildi. Filmde annesi ile beraber yürüyen bir çocuk vardı ve yoldan çıkan bir araç her ikisinin üzerinden geçerek ölümlerine neden olmaktaydı. Takdir edersiniz ki gönüllüler unutması pek de kolay olmayan bir manzara ile karşı kaşıya kalmıştı. Bir hafta sonra filmi izleyen gönüllülere hatırlama testleri yapıldı. Bulunan sonuçlar gerçekten müthişti. İlaç alan erkekler olayın genelini (araba tarafından çarpılan çocuğu) hatırlamakta zorlanırken ilaç verilen kadınlar ise detayları (çocuğun elinde taşıdığı topu) hatırlamakta zorlanmışlardı. Bu sonuçlar müthişti. Amigdala aracılığıyla duygusal hafızayı kaydetmek söz konusu olduğunda erkeklerin geneli, kadınların ise detayı hatırladıkları çok net bir şekilde gösterilmiş oldu. Sevgili kadınlar, gördüğünüz üzere hafızalarımız ve olayları hatırlayışımız arasında üzerinde düşünmemiz gereken önemli bir fark var.

Yukarıdaki iki güzide çalışmanın sonuçları doğrultusunda konuşmak gerekirse erkekleri sürekli duygusuz olarak görüp "Nasıl olur da evlilik tarihimizi unutur" diye kendinizi mahvetmeyin lütfen. Gördüğünüz üzere, erkekler söz konusu duygusal hafıza olduğunda sağ amigdalasını kullandığından olayın ancak genel fikrini hatırlayacaklardır. Yani "Evet evlendim, yanımda sürekli dolaşan beyaz bir parlaklık vardı ve hep gülümsüyorduk" şeklinde evlendiği güne dair hatırladıklarını sizinle paylaşacaktır. Ama gelin görün ki evlilik hangi gündü, üzerinden kaç yıl geçti gibi detaylar erkeklerin asla hatırlayamayacağı detaylardır. Bunun nedeni, yukarıda bilimsel bulgularını da paylaştığımız şekilde, erkeklerin sağ amigdalayı daha baskın olarak kullanmasından kaynaklanmaktadır.

O nedenle kendinizi de sevdiğinizi de bu konuda yıpratmayın lütfen. Çünkü siz sol amigdalanızı kullandığınızdan bu detayları çok rahat hatırlayabiliyorsunuz. Ama illaki eşinin, bütün doğum günü ve yıl dönümlerini hatırlamasını istiyorsan yapacağın şey çok basit. Eşinizin kullandığı cep telefonundan tutun kişisel bilgisayarına kadar tüm elektronik aletlerin açılış şifrelerini doğum günleri ve yıl dönümleri olacak şekilde tek tek değiştirin. Bakın bakalım o rakamlar bir daha unutuluyor mu?

Kadınların Bilim ve Sanatla İmtihanı

Takvimlerin 2005 yılının Ocak ayını gösterdiği soğuk bir günde, oldukça soğuk bir olay yaşandı. Dönemin Harvard Üniversitesi Rektörü olan Lawrence Summers yaptığı bir açılış konuşmasında oldukça tartışma yaratacak cümlelere imza atmıştı. Summers, doğuştan gelen faktörlerin etkileri nedeniyle mühendislik ve bilim alanında üst düzey kadınların sayısının az olması hakkında bir yorum yapmış ve epey bir ses getirmişti. Kimisi bunun iyi niyetli bir açıklama olduğunu savunsa da meslektaşları ve halkın tepkisi oldukça büyük olmuştu. Hatta Summers'ın yaklaşık bir yıl sonra rektörlükten istifa etmesinde bu olayın oldukça etkili olduğu söylenmiştir.

Öncelikle bir gerçeği vurgulamakta fayda var. Yaklaşık son elli yıldır kadınların bilim dünyasında gözle görülür bir şekilde yer alabildiklerini görüyoruz. Bundan önce de bilim ile uğraşan kadınlar olmasına rağmen bilim dünyası ciddi biçimde erkek egemen bir durumdaydı.

Kitabın üçüncü bölümünde, Gustave Le Bon ile ilgili anlattığımız hikâye sayısız olaydan biriydi sadece. Aslında benzer bir durum sanat için de geçerliydi. Örneğin 1970'li yıllarda klasik müzik camiasında kadınların erkeklerden daha iyi enstrüman çalamayacağıyla ilgili sağlam bir inanış bulunmaktaydı. Tarihe dikkat edin sevgili okuyucular. Sadece kırk yıl öncesinden bahsediyoruz. Bu yaygın görüş nedeniyle müzisyenlerin büyük bir çoğunluğu erkeklerden oluşmaktaydı. Zira jüri tarafından yapılan seçmelerde, seçilenler hep erkek oluyordu.

Bu konuda yapılan uzun dönemli itirazlar sonuç verdiğinde müzisyen seçimlerinin artık enstrüman çalan kişiyi görmeden yapılmasına karar verildi. Bunun sonucunda jüri, adayın performansını bir perde arkasından dinleyerek karar vermek zorundaydı. Oldukça ilginç bir şekilde, jüri ve aday arasına çekilmiş olan bu perde, jürinin beyninde yer alan asıl perdenin açılmasına neden olmuştu. Sonuç olarak kaçınılmaz bir şekilde, bu kararın ardından kadınlar, seçme sınavlarında başarılı olup büyük orkestralarda daha fazla yer almaya başlamıştı. Günümüzde oldukça önemli orkestralarda kadın ve erkek sayılarının aşağı yukarı eşit olduğu söylenebilir.

Aslında bu kadar enstrümandan bahsetmişken konuyla ilgili kadın ve erkek arasındaki önemli bir farkı vurgulamakta fayda olacaktır. Aslında kadınların enstrüman çalma konusunda oldukça önemli iki avantajı bulunmaktadır. Bunlardan ilki, hatırlayacağınız üzere dişi beyin işitme ve ses analizi konusunda erkek beynine göre çok daha yetenekliydi. Bir diğeri de kadınların ince motor hareket dediğimiz hassas el hareketleri konusunda oldukça avantajlı olmalarıydı. Diğer taraftan dişi beynin bu tarz avantajları olmasına rağmen erkek beynin konuyla ilgili olarak sahip olduğu avantaj oldukça göz alıcıydı aslında. Söz konusu, bir parçayı çalmak olduğunda kadınlar bu konuda avantajlı olsa da söz konusu, beste yapmak olunca bu konuda erkeklerin daha yetenekli olduğu görülmektedir. Bu yeteneğin altında, üç boyutlu düşünebilme becerisinde sahip olduğu avantaj yatmaktadır. Bu avantaj sayesinde bazı kalıpların daha kolay algılanması ve üretilmesi erkek beyni açısından daha kolay olmaktadır.

Aslında düşünürseniz bahsettiğimiz bu yetenek kitabın beşinci bölümünde anlattıklarımız ile bire bir örtüşmektedir. Hatırlarsanız dişiyi etkilemek için zebra ispinozu diye adlandırılan kuşların nasıl kompleks şarkılar ürettiğini görmüştük. Hatta sırf bu iş için beyninde, dişiye göre çok daha büyük bir alan bile bulunmaktaydı. O nedenle şunu rahatlıkla söyleyebiliriz. Beste yapmak ve benzeri tüm üretim yetenekleri konusunda erkek beyni oldukça avantajlıdır. Çünkü dişiyi etkileyebilmek için bir şeyler üretmeye ihtiyacı vardır. En azından doğadaki canlılar için bunu söyleyebiliriz. Sonuç olarak erkek; şarkı üretmekte, kadınsa üretilen şarkının kalitesini anlamada oldukça başarılıdır.

Tekrar matematik ve mühendislik konusuna dönersek gerçekten de ortada böyle bir fark var mıydı? Savunulduğu gibi kadınlar mühendislik ve matematik alanında başarısızlar mıdır? Aslına bakarsanız bir şeyleri başarmanız, o şeyi ne kadar istediğinizle ilgilidir. Bu kitabı yazan kişi olarak kim olduğunuzun ya da nerede bulunduğunuzun engelleyici bir unsur olduğuna inanmıyorum. Çünkü eğer yapabileceğinize yeterince inanırsanız, iyi bir kulaklık ve güzel bir şarkı listesi ile üzerinden gelemeyeceğiniz bir iş yoktur. Burada asıl vurgulamak istediğim konu, erkek ve dişi beyinlerin bu alanlara olan yatkınlıkları. Bu konuda yapılmış olan onlarca araştırmanın sonucuna genel olarak baktığımızda uzamsal algılama yani cisimleri üç boyutlu olarak düşünme ve modelleme konusunda erkek beynin dişi beyne göre daha avantajlı olduğunu söyleyebiliriz. Aslında erkeklerin cisimleri üç boyutlu düşünürken ve bunları birbirine monte ederken aldığı zevki günlük hayatta birçok yerde görebilirsiniz.

Örneğin eğer bir inşaat alanının yakınlarından geçiyorsanız orada durup toprağı kazan inşaat araçlarını izleyen birkaç erkek kesinlikle görürsünüz. Ya da günümüzde sayıları hızlıca artan yapı malzemeleri satan mağazalardan alınan masa, dolap, kitaplık gibi eşyaları kendisinin kurabileceğine inanan ve bunu başaran birçok erkeği de unutmamak lazım. Hatta bazıları bu tarz girişimlerden özel zevk almaktadırlar. Tesisatçılarda bile göremeyeceğiniz birbirinden ilginç alet ve alet çantalarını bu kişilerin evlerinde görebilirsiniz. Bu üç boyutlu düşünebilme yeteneğinin verdiği güven sayesinde erkek, bozulan her şeyi tamir edebileceğine inanır. Aslında bu meseleyi erkek çocuklarda da gözlemleyebilirsiniz. Hepimiz erkek çocukların ne kadar hareketli oyunları tercih ettiğini biliriz. Sürekli oradan oraya koşarlar. Cisimleri hareket ettirmekten ve hareket eden cisimleri izlemekten de büyük keyif alırlar.

Sonuç olarak beynin bu işleyiş yöntemi söz konusu mühendislik ve matematik olduğunda erkek beynine avantaj sağlamaktadır. Ama erkeklerin sahip oldukları bu avantaj nedeniyle sözü edilen alanlarda kadınlardan daha iyi oldukları anlamı çıkmamaktadır. Bunu daha iyi anlamak için hipokampüs dediğimiz yapıya biraz daha yakından bakmak gerekecektir.

Labirentten Çıkmak

Yukarıdaki bilgiler doğrultusunda erkeklerin, yer yön konumlama ve üç boyutlu düşünebilme yeteneğine daha yatkın olduklarını söyleyebiliriz. Hatırlayacak olursanız limbik sistem içerisinde, amigdala ve hipokampüs adlı iki önemli yapıdan bahsetmiştik. Cinsiyetler arasında görülen üç boyutlu düşünmedeki farklılıkların, hipokampüsün erkek ve dişi beyninde farklı mekanizmaları kullanmasından kaynaklandığı düşünülmektedir. Burada üç boyutlu düşünmeden kastımız, mental rotasyon yeteneği aslında. Peki, nedir mental rotasyon yeteneği? Bu yetenek, aslında cisimleri zihninizde döndürebilme, evirip çevirme ile ilgili bir meseledir. Yani size gösterilen bir cismi, bir miktar döndürsek daha sonra da yanına ona benzeyen başka şekiller koysak yine de o cismi hemen tanır mısınız? Beyin cinsiyetini ölçmede kullanılan testlerden biri olan mental rotasyon testine ait bir örneği aşağıdaki resimde görebilirsiniz. Resmin yukarı kısmında bir şekil vardır. Aşağıda o şeklin belirli bir açıda döndürülmüş hâli ve ona benzeyen başka şekiller bulunmaktadır. Erkek beyni ilgili cismi 1-3 saniye gibi bir sürede fark ederken dişi beyni bu cismi yaklaşık 6-9 saniyede tespit etmektedir.

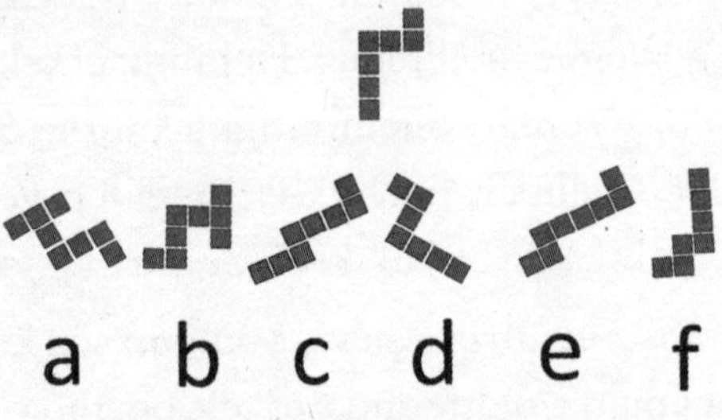

Mental rotasyon testi. Yanıt (d)

Mental rotasyon testine benzer bir mantıkla yapılan bir araştırmada, erkek ve kadınlara çeşitli evlerin dışarıdan çekilmiş fotoğrafları gösterilmiştir. Fotoğrafların içinde birbirinden farklı ev fotoğrafları ve bazı evlerin değişik açılardan çekilmiş fotoğrafları bulunmaktaydı. Bu fotoğraflar çalışmaya katılan gönüllülere sırayla gösterilirken erkekler, kendilerine gösterilen ev fotoğraflarının farklı açıdan yapılan çekimlerinin daha önce gösterilen evlerden biri olduğunu anlayabiliyorlardı. Diğer taraftan kadın gönüllüler, daha önceden görmüş olduğu evin farklı açıdan çekilmiş fotoğrafını yeni bir evin fotoğrafı gibi algılamışlardır. Yani işin içine farklı bir açı girdiğinde yani mental rotasyon söz konusu olduğunda dişi beynin bunu fark etmesi daha zor olmaktadır. Görüntüleme ile ilgili 2009 yılında yapılan bir çalışma, erkek ve kadınlar arasında beynin sağ yarıküresinde üç boyutlu düşünebilme ile ilgili alanlarda işlevsel fark olduğunu ortaya koymuştur.

Aslında burada önemle üzerinde durulması gereken konu, matematik ve mühendislik gibi alanlarda cinsiyetler arasındaki başarı durumunu kıyaslamak yerine her iki cinsiyetin, ilgili sorunun çözümünde, beyinlerinde kullandıkları farklı mekanizmaları yakından incelemektir. Örneğin kızlar çok köşeli şekilleri parça parça analiz ederken erkekler bu cisimleri bütün olarak analiz ederler. Burada hangisi bu cismi daha başarılı analiz ediyor sorusundan daha önemlisi, neden birbirinden farklı yöntemler kullandıklarıdır. Bu işleyiş farkını anlamak, günlük hayatımızda çeşitli şekillerde karşımıza çıkan sorunları çözmemize oldukça yardımcı olacaktır. Mesela kadınların yer yön belirleme, harita okuma gibi konularda oldukça kötü olduğu düşünülür. Peki, durum gerçekten böyle midir? Örneğin harita kullanımı ile ilgili yapılan bir çalışmada gönüllülerden harita üzerinde, bir şehirden çıkıp başka bir yol aracılığı ile tekrar aynı şehre geri dönmesi istenmişti. Erkek beyni, sahip olduğu avantaj nedeniyle haritaya hiç dokunmadan bunu başarabilmişti. Oysa kadınlar bunu başarabilmek için elindeki haritayı sürekli çevirme isteği duymuşlardı. Çünkü zihninde bu döndürme işlemini yapamadığından dolayı ellerini kullanmıştı. Bu bakış açısından, erkeklerin bu tip konularda her zaman daha başarılı olabileceğini düşünebilirsiniz. Ama aslında durum hiç de öyle değil. Bunu açıklamak için aşağıdaki deneyi inceleyelim.

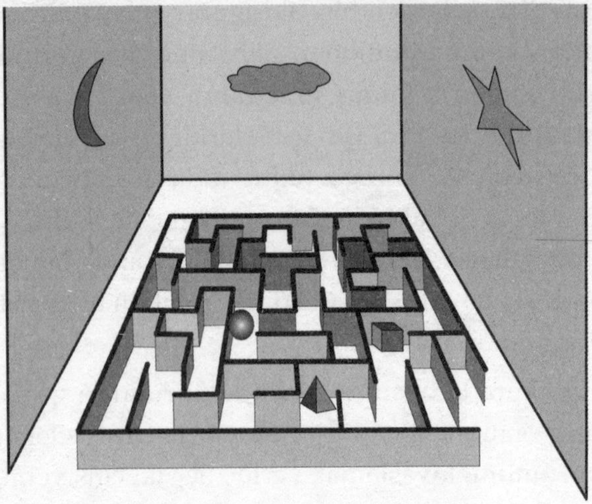

Labirent, duvardaki işaretler ve labirent içerisindeki cisimler.

Deney hayvanlarının, labirent içerisinde yiyeceğe ulaşma sürelerinin ölçüldüğü, güzel bir araştırmadan bahsedelim. Zira bu araştırma sayesinde konuyu çok daha iyi anlayabileceğiz.

Çalışmada, yukarıdaki resimde gösterildiği gibi bir labirent kullanılmıştı. Hayvanın, yiyeceğe ulaşılacak yolu öğrenebilmesi için ortama iki tip ipucu konulmuştu. Hayvanın yararlanabileceği ilk tip ipucu, labirentin içinde bulunduğu odanın duvarlarında yer almaktaydı. Resimde de görebileceğiniz gibi bir duvara yıldız, bir duvara ay, bir duvara da bulut resmi ipucu olarak konmuştu. Labirentin içindeki hayvan kafasını yukarı doğru kaldırdığında bu işaretleri oldukça rahat bir şekilde görebiliyordu. İkinci tip ipucu ise labirentin bizzat içine konmuştu. Yiyeceğe giden yolların bazı önemli dönüş noktalarına, farklı renkli ve şekilli cisimler yerleştirilmişti. Doğal olarak faremiz hiç kafasını kaldırmadan sadece bu işaret ipuçlarını kullanarak yiyeceğe ulaşabilirdi.

İlk başta şunu önemle vurgulayalım: Dişi ve erkek farelerin yiyeceğe ulaşma süreleri aşağı yukarı benzerdir ve aralarında belirgin bir başarı farkı yoktur. Ama yiyeceğe ulaşma ile ilgili kullandıkları yöntemler birbirlerinden tümüyle farklıdır. Erkek hayvanlar, labirentin odadaki konumuna göre yani uzaktaki duvar işaretlerine göre yiyeceğin yerini hafızasına kodlamaktadır. Örnek olarak söylemek gerekirse erkek fare açısından şuna benzer bir kurgu söz konusudur: "Önce yıldıza git, ardından buluta dön, sonra tekrar yıldıza dön. Tamamdır. İşte yiyecek karşında." Diğer taraftan dişiler, yiyeceğe giden yolu labirentin içine konulan cisimlere bakarak kodlamaktadır: "Öncelikle küpe doğru git, ardından topun oradan dön ve işte yiyecek karşında." Yani dişiler hiç kafasını kaldırıp duvardaki ipuçlarını kullanmadığı gibi erkekler de labirent içindeki ipuçlarını kullanma gereği duymaz. Sonuçta hem dişi hem de erkek benzer sürelerde yiyeceğe ulaşmaktadır. Ama farklı stratejiler kullandıklarından labirentte meydana gelecek olan bir değişiklik, erkek ve dişileri farklı farklı etkileyecektir.

Örneğin labirenti farklı bir duvara bakacak şekilde döndürdüğümüzde dişiler bu durumdan hiçbir şekilde etkilenmez. Çünkü labirentin içindeki işaretlerin yeri değişmemiştir. Dişiler labirentin içindeki işaretlere bakarak yiyeceğe ulaştığından onlar açısından hiçbir sorun yoktur. Ama erkekler açısından durum oldukça iç acısıdır. Çünkü labirent başka bir duvara doğru döndürüldüğünden duvardaki işaretlerin labirent için gösterdikleri yönler de değişmiş olacaktır. Bu nedenle erkekler, hafızasında kaydettiği yoldan gittikçe yiyecek yerine başka bir yere ulaşacaklardır. Diğer taraftan, labirente hiç dokunmayıp sadece labirent içindeki işaretlerin yerlerini değiştirseydik bu sefer dişiler daha önceden hafızasında kodladığı bilgiyi kullanacağından yiyeceğe bir türlü ulaşamayacaklardı. Ama erkekler açısından duvarların konumu değişmeyeceğinden yiyeceğe ulaşma konusunda hiçbir sorun olmayacaktı.

Sonuç olarak söz konusu yer yön duygusu olduğunda arada bariz bir başarı farkı yoktur. Erkek beyni, dişi beynine göre daha avantajlı olmakla beraber cinsiyetlerin kullandıkları yöntemler farklı olduğundan, bu tarz bir karşılaştırma yapmak çok da doğru olmayabilir. Aslında herhangi bir erkek ya da kadına bir adres tarifi sorduğunuzda size vereceği cevaplardan kafalarının nasıl farklı çalıştığını anlayabilirsiniz. Diyelim bir erkeğe bir adres sordunuz. Size vereceği cevap aşağı yukarı şöyle bir şey olacaktır: "Abi şimdi buradan dümdüz gidiyorsun, yaklaşık 800 metre sonra sağa dönüp üçüncü soldan aşağı iniyorsun. Hemen karşında." Dikkat ederseniz erkek sadece yönlere ve kendi üç boyutlu düşünme yeteneğine göre uzaklık ve yer-yön kavramlarını kullanarak yolu tarif etmiştir. Hâlbuki bir kadına aynı adresi sorsaydınız muhtemelen şöyle tarif edecekti: "Buradan dümdüz gittiğinizde Altınsatır Kasabı'nı göreceksiniz. Oradan sağa dönün. Dümdüz gidin ve camiden önceki yeşil binadan sola dönün." Dikkat ederseniz verilen yol tarifinde bir etiketleme söz konusudur. Doğal olarak bu bahsedilen yerleri (etiketlenmiş) gördüğünüzde aradığınız yere yine ulaşabiliyorsunuz. Sevgili okuyucu, bu meselede aradaki farkın nereden kaynaklandığını artık sen de biliyorsun. Bu durumda hangisi senin için daha kolaysa o kişiye adres sorarsın artık.

Kızları Strese Sokmayalım Lütfen!

Önceki bölümlerde belirttiğimiz üzere limbik sistemde yer alan amigdala duygusal hafızadan sorumluydu. Hipokampüs ise uzamsal algılama ve üç boyutlu düşünme yeteneğine ilaveten klasik hafızanın şekillenmesinde de çok önemli rol oynamaktadır. Bu kitapta hafıza çeşitleri ve oluşum mekanizmasına girilmeyecektir. Ama konuyu merak edenler, bölüm sonunda yer alan "Jennifer Anniston'dan Hoşlanan ama Brad Pitt'i Sevmeyen Nöron" başlıklı yazıya bir göz atabilirler. Hipokampüse daha yakından baktığımızda kadınlarda erkeklere göre daha büyük olduğunu görüyoruz. Ama söz konusu hipokampüs olduğundan çok önemli bir konuya açıklık getirmemiz gerekmektedir.

Zamanında, deney hayvanlarında yapılmış olan bir çalışma, çok ilginç bir bulgu ortaya koymuştu. Çalışmanın sonuçlarına göre hayvana uygulanan akut stres, hipokampüsteki bazı sinirsel bağlantıların sayısını artırmıştı. Peki, bu ne anlama geliyordu? Hipokampüs hafızadaki aktif görevinden dolayı öğrenmede önemli bir rol oynadığından buradaki bağlantı sayısının artması daha iyi öğrenmek anlamına gelmekteydi. Yani kısa süreli stresin öğrenmeyi artırabilme ihtimali söz konusuydu. Bu oldukça önemli bir bilgiydi. Doğal olarak sadece bilim dünyasının değil, eğitim camiasının da dikkatini çekmişti. Belki de eğitim sırasında, çocuklarda hafif miktarda stres oluşturmak, öğrenmeyi artırmak amaçlı kullanılabilecek bir yöntem olabilirdi. Hatta bu yöntemi, eğitim uygulamalarına koyan çeşitli kurumlar da olmuştur. Aslında söz konusu bu tip bilgiler olduğunda sonuçları uygulamaya koymadan önce hatırlamamız gereken çok önemli bir detay vardır.

Kitabın ikinci bölümünde (Tarihi Erkek Beyni) özel olarak belirttiğim gibi bilim çalışmalarında genellikle erkek deney hayvanları tercih edilmektedir. Aslında insan çalışmalarında da benzer bir durum söz konusudur. Eğer cinsiyet faktörünün önemli olmadığı bir konu çalışacaksanız genellikle erkekleri tercih edersiniz. Mesela bilmem ne maddesinin pankreastaki bilmem ne hücrelerine etkisini merak ediyorsunuz. Eğer çalışma amaçlarınızda cinsiyetler arası fark yok ise bu araştırmada erkek hayvanlar kullanmak çok mantıklıdır.

Çünkü dişi hayvanların adet döngüsü nedeniyle hormonlarında sürekli bir değişim söz konusudur. Yani açıkçası günü gününe uymamaktadır. Doğal olarak deney için seçilen dişiler arasındaki muhtemel dönem farklılığı, sonuçlarınızı olumsuz yönde etkileyebilir. Hâlbuki erkekler açısından böyle bir sorun yoktur. Bahsettiğimiz bu stres çalışması da erkek hayvanlarda gerçekleştirilmişti. Doğal olarak çalışmanın sonuçlarının dişiler üzerindeki etkisi hakkında yorum yapmak bir miktar hatalı olabilir. Bu çalışmadan yıllar sonra benzer bir çalışmayı Rutgers Üniversitesi'nden Tracey J. Shors gerçekleştirdi. Sadece erkeklerde yapılan bu çalışmaya dişileri de eklerse nasıl bir sonuç olacağını merak etti. Çalışmasının sonunda Shors'un erkeklerden elde ettiği sonuç, önceki çalışmanın sonuçlarıyla aynıydı. Belirli miktarda stres, yine erkeklerde öğrenmeyi artırmıştı. Ama dişilere baktığımızda hiç beklenmedik bir durum ortaya çıkmıştı. Dişilerde, bırakın hipokampüsteki bağlantı sayısının artmasını aksine akut stres doğrultusunda bir azalma meydana gelmişti. Yani böyle bir stres uygulamasının erkeklerde işe yarama ihtimali söz konusuyken kadınlara zarar verebilme ihtimali yüksektir. Söz konusu beyin ve davranış olduğunda, dişi ve erkek beyin yapısına göre sonuçların değişebileceği fikri asla akıldan çıkarılmamalıdır.

Jennifer Anniston'dan Hoşlanan ama Brad Pitt'i Sevmeyen Nöron

Bilginin işlenmesi ve depolanmasının insan hayatı açısından en önemli konuların başında geldiğine şüphe yok. Aslında hafızanın çeşitleri olmakla beraber, bu yazının konusunu kişileri veya nesneleri tanımada kullandığımız hafıza oluşturmaktadır. Yeni tanıştığınız birini, yeni dinlediğiniz bir şarkıcıyı ya da yeni izlemeye başladığınız bir dizinin oyuncularını beyninizde nereye depoladığınızı hiç düşündünüz mü? Daha sonra o kişiyi tekrar gördüğünüzde nasıl hatırlıyorsunuz?

Bu soruların cevabı oldukça karışık olup yeterince araştırdığınızda, üzerine bir kitap bile yazılabileceğini görürsünüz. Lakin durumu özetlemeye çalışırsak bu konuda temel iki görüş bulunmaktadır. İlk görüşe göre beynimizdeki milyonlarca nöron (sinir hücresi) kendi arasında oluşturmuş olduğu bir iletişim ve kodlama düzenine göre kişileri tanımaktadır. İkinci görüşe göre ise beyinde bir grup nöron vardır ve bunların görevi kişileri tanımaktır. Yani ilk görüşte belirli sayıda nöron kendi arasında sürekli haberleşerek o hafızayı kodlar. Diğerinde ise nöron *usb* mantığı ile çalışır ve tek başına o kişiyi kodlar. İkinci görüşün temeli aslında büyükanne hücresi (*grandmother cell*) olarak adlandırılan bir varsayıma dayanır. Bu fikir ilk olarak bilim dünyasında, çok ilginç yaşam ve başarı öyküsü bulunan Jerome Ysroael Lettvin (1920–2011) tarafından 1969 yılında ortaya atılmıştır. Kendisi, dönemi için oldukça aykırı bir bilim insanı olup yaptıkları ve söylemleri ile kesinlikle bir başka yazı konusu olabilir.

Özetle söylemek gerekirse büyükanne hücresi varsayımına göre yeni tanıdığınız birini beyninizde tek bir nörona yerleştirmektesiniz. Doğal olarak bu nöron da o kişiyi tanımaktan sorumlu olmaktadır. Yani Lettvin'in verdiği örnekle açıklamak gerekirse beyninizde bulunan bir nöronun büyükannenizi tanımaktan sorumlu olduğunu düşünün. Eğer bu nöron zarar görürse büyükanneniz artık sizin için ölmüştür zira onu gördüğünüzde artık tanıyamayacaksınız. Bir miktar Lettvin'in garip kişiliğinin de etkisiyle gerek o dönemde gerekse de günümüzde bu fikir uzmanlar tarafından oldukça basit olarak görülmüştür. Yakın döneme kadar çok da fazla gündeme gelmemiştir. Ta ki 2005 yılına kadar.

Bilim dünyası açısından çok büyük bir saygınlığı olan *Nature* dergisinin, 2005 yılı haziran sayısında oldukça ilginç bir çalışma bilim camiası ile paylaşılmıştı. Rodrigo Quian Quiroga

(İngiltere Leicester Üniversitesi) ve arkadaşları yaptıkları çalışmada, epilepsi nedeniyle ameliyat olacak kişilerin beyinlerine ameliyat öncesi elektrotlar yerleştirmişti. Bu elektrotların çoğu, uzun dönem hafızanın depolandığı yer olan hipokampüs adlı bir bölgeye konulmuştu. Elektrotlar aracılığıyla nöronda herhangi bir aktivite olduğunda bu aktivite bilgisayarda gözlemlenebilecekti.

Deneyin yapılışı aslında basit bir mantığa dayanmaktaydı. Deneye katılan kişilere ünlülerden, hayvanlardan ve mimari yapılardan oluşan çok fazla sayıda resim gösterilmişti. Kişiler resimlere bakarken de beyinlerine yerleştirilen elektrotlar aracılığıyla nöronların aktiviteleri ölçülmüştü. Böylece hangi nöron hangi resme tepki veriyor ölçülebilmişti. Çalışma ekibi, deneklerin birinden elde ettikleri sonuçlar karşısında oldukça heyecanlanmıştı.

Zira bu kişiye de diğer deneklere yapıldığı gibi deney sürecince 87 adet resim ve fotoğraf gösterilmiş ve bu sırada kişinin birçok nöronundan eş zamanlı kayıt alınmıştı. Fakat çok ilginç biçimde, bu kişinin nöronlarından bir tanesi, içerisinde diğer ünlüler ve mimari yapıların da bulunduğu 87 resim içerisinde sadece Jennifer Anniston'ın 7 adet fotoğrafına cevap vermişti. Geri kalan 80 resme hiçbir tepki göstermemişti. Bu sonuç gerçekten oldukça heyecan verici olmuştu. Sanki bu nöron sadece Jennifer Anniston'ı tanımaktan sorumluydu ve geri kalanlar onu zerre ilgilendirmiyordu. Sevgili okuyucu, bu arada deneyle ilgili ilginç bir detayı paylaşalım. Aslında 87 resim içerisinde Jennifer Anniston'ın 10 fotoğrafı bulunmaktaydı ve bu nöron 10 fotoğrafın sadece yedisine cevap vermişti. Bilin bakalım nöronumuzun cevap vermediği diğer 3 Jennifer Anniston fotoğrafının ortak özelliği neydi? Çok ilginç bir şekilde bu 3 resimde de Jennifer Anniston'ın yanında o dönem sevgilisi olan Brad Pitt bulunmaktaydı.

Yani nöronumuz Jennifer Anniston'ın yalnız başına olduğu fotoğraflarına tepki vermekteyken Brad Pitt'in dâhil olduğu fotoğraflarda suskunluğunu koruyordu. Bu ilginç sonuçların ışığında, gerek çalışma ekibi gerekse de bilim camiası bu nörona Jenifer Anniston nöronu adını koymuştur. Merak edenler için söyleyelim, başka çalışmalarda Halle Berry nöronu, Michael Jordan nöronu gibi çeşitli nöronların varlığı da gösterilmiştir. Hatta ilginç biçimde Halle Berry nöronu sadece Hale Berry'nin resmine değil, sadece adını görse bile tepki vermiştir. Bu çalışma, Jerome Lettvin'in zamanında çok da ciddiye alınmayan büyükanne hücresi varsayımını tekrar gündeme getirmekle beraber konuyla ilgili çok fazla çalışma yapılmasının gerektiği de su götürmez bir gerçektir.

Bölüm 12

Beyninizin Cinsiyetini Öğrenmek İster misiniz?

Parmak göğü gösterirken yalnızca aptallar parmağa bakar.
Amelie filminden

Kadın–Erkek Beyin Yapıları Neden Farklı?

Buraya kadar yazılanların kısa bir özetini yapalım. Kadınlar ve erkeklerin birbirlerinden farklı bir beyin yapısına sahip olmasındaki en önemli etken, anne karnında iken maruz kaldıkları cinsiyet hormonlarıydı. Bu hormonlar, beynin gelişimini etkileyip cinsiyete özgü bir beyin yapısının oluşmasına neden olmaktaydı. Bu gelişim sırasında çeşitli hormonların etkisi olmasına rağmen asıl etki gösteren hormon, genellikle erkeklik hormonu olarak da bilinen testosteron adlı hormondu. Bu hormonun vücutta çeşitli kaynakları olmasına rağmen beyinde asıl etki gösteren testosteronun büyük bir kısmı, erkek bebekte üretilmekteydi. Bebeğin kız olması durumunda, anneden ve bebekten kaynaklanan (böbrek üstü bezleri ve yağ dokusu) az miktarda testosteron da duruma göre etkili olabilmekteydi.

Hamilelik döneminde bebeğin maruz kaldığı testosteron hormonu, beynin sol yarıküresinin gelişimini geciktirmekteydi. Sol yarıküre, gelişiminin gecikmesi nedeniyle daha fazla dış etkene maruz kalmaktaydı. Sonuçta tipik bir erkek beyninde, sol yarıküre sağ yarıküreye göre farklı bir gelişim göstermekteydi. Diğer taraftan, kadın beyninin gelişimi sırasında ise herhangi bir hormonun belirleyici bir etkisi yoktu. Ortamda testosteronun az olması nedeniyle beyin normal gelişimini tamamlayabilmekteydi (sağ ve sol yarıkürelerin benzer koşullarda gelişmesi). Özetle söylemek gerekirse bebek anne karnında iken ne kadar fazla testosterona maruz kalırsa o kadar erkek beyinli olacaktı.

Vücudumuz Olay Yeri?

Yukarıdaki bilgiler ışığında şu soru oldukça önem kazanıyor: Peki, anne karnında ne kadar testosterona maruz kaldığımı nasıl öğreneceğim? Sevgili okuyucu, aslında doğrudan amniyosentez yoluyla bu konuda bir fikir sahibi olabilirsiniz. Daha çok genetik incelemeler için gerekli olan bu yöntemde, annenin karnına bir iğne yardımı ile girilerek bebeğin içinde yüzdüğü amniyon sıvısından bir miktar alınarak içeriğine bakılmaktadır. Sıvının içeriğinde yer alan hormonların konsantrasyonları doğrultusunda, bebeğin durumu hakkında bir yorum yapılabilmektedir. Eğer elinizde, annenizin size hamile olduğu dönemde yaptırmış olduğu bir amniyosentez testi sonuçları yoksa bu yazıyı okumaya devam edebilirsiniz.

Aslında, anne karnında maruz kaldığımız hormonlar ile ilgili olarak vücudumuzda şu anda gözlemleyebileceğimiz çeşitli biyolojik izler ve göstergeler bulunmaktadır. Örneğin parmak izleri ve işitme ile ilgili bir konu olan *otoakustik emisyon* meselesi, anne karnında ne kadar çok testosterona maruz kaldığımız hakkında bize bilgi vermektedir. Ama bunlar bahsedeceğim yönteme göre daha karışık ölçümler olduğundan gelin yüzük parmağınız ve işaret parmağınız arasındaki gizli ilişki hakkında biraz konuşalım.

İşaret Parmağı (2d) / Yüzük Parmağı (4d)

Kadınlar ve erkeklerin parmakları arasındaki farklılıktan ilk olarak 1875 yılında bahsedilmiştir. Alman Antropolog Johan Alexander Ecker, kurucusu da olduğu Alman *Antropoloji Dergisi*'nde (*Archiv fur Anthropologie*) konuyla ilgili bir makale yayımlamıştır. O dönemden günümüze konuyla ilgili birkaç çalışma olmasına rağmen asıl patlama 2000 yılının başlarında olmuştur. Konuyu oldukça popüler bir şekilde tekrar gündeme getiren, Swansea Üniversitesi Psikoloji Bölümü'nden John T. Manning olmuştur. Ölçümün nasıl yapılacağı ile ilgili detaylar yazının devamında açıklanacak olmasına rağmen en baştan şunu söyleyebiliriz: Yüzük parmağınız, işaret parmağınıza göre ne kadar uzunsa anne karnında o kadar fazla testosterona maruz kalmışsınız demektir. Yani o kadar erkek beyinlisiniz.

Ölçüm yöntemi

Sevgili okuyucu, aslında biz bu analizlerde eli bir tarayıcıda tarayıp özel bilgisayar programları ile hesaplama yapıyoruz. Zira parmak uzunlukları birbirine oldukça yakın olduğu için hassas ölçüm yapmak ayırıcı tanıyı koymakta daha güvenilir oluyor. Ama şu an bizim elimizde böyle bir imkân olmadığı için bu ölçümü biraz daha basit bir düzeyde yapalım.

Konunun daha anlaşılır olması için aşağıda yer alan el resmi üzerinden size ölçümü aşama aşama anlatmaya çalışacağım.

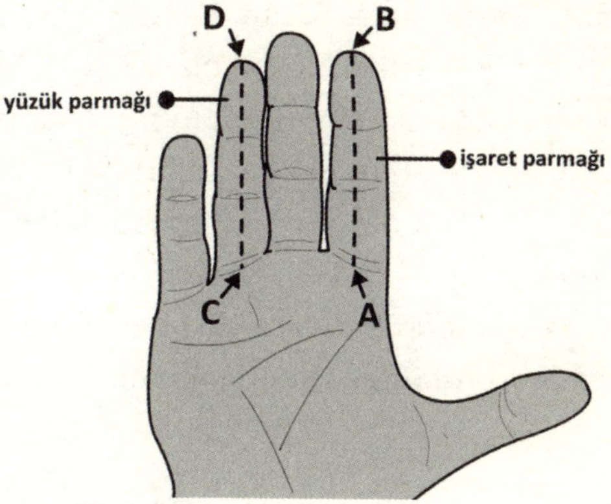

Avuç içi görünüm ve parmak ölçüm yöntemi

Normalde ölçümler her iki el için de yapılmakta olup genellikle benzer sonuçlar çıkmaktadır. Bilimsel çalışmalar sağ elimiz için yapılan ölçümlerin sola göre daha belirleyici olduğunu söyleseler de siz hangi elden ölçüm yapmak kolayınıza geliyorsa o elinizden ölçüm yapabilirsiniz. Yukarıdaki resimde gördüğünüz üzere ölçümü avuç içinden yapacaksınız. İlk olarak işaret parmağımızı ölçelim. Bu ölçümde dikkate almamız gereken iki kısım var.

Parmağınızın elinizle birleştiği kısma (Resimde A harfi ile gösterilmektedir.) yakından bakarsanız tam sınırda bir çizgi ya da birbirine yakın iki çizgi görürsünüz. Eğer iki çizgi görüyorsanız ölçümünüzü alttaki çizgiden itibaren yapacaksınız. B noktası ise tam olarak işaret parmağınızın tepe noktasını ifade ediyor. Şimdi bir cetvel aracılığıyla A ve B noktaları arasındaki mesafeyi ölçelim. Ne kadar hassas ölçerseniz sonuç o kadar doğru çıkacaktır. Benim kendi işaret parmağımda yaptığım ölçümde bu mesafe 8,6 cm olarak çıktı.

Şimdi gelelim yüzük parmağınıza. Aslında işaret parmağı için yaptığınız işlemlerin aynısını yüzük parmağınız için de yapacaksınız. Yani yukarıdaki resimde de gösterildiği şekilde C ve D mesafesini ölçeceksiniz. Benim kendi yüzük parmağımda yaptığım ölçümde bu mesafe 8,4 cm olarak çıktı. Yaptığımız bu basit ölçüm sonucunda işaret parmağının yüzük parmağından uzun olması nedeniyle okumakta olduğunuz kitabı yazan kişinin dişi beyinli bir erkek olduğunu ileri sürebiliriz. Ama gerek dişi beynin gerekse de erkek beynin dereceleri var. Şimdi burada benim merak ettiğim ne derece dişi beyinliyim. Bunun için geriye sadece basit bir bölme işlemi kalıyor.

2d:4d

Yazının bundan sonraki kısmında işaret parmağı için 2d, yüzük parmağı için 4d ifadesini kullanacağız. Zira bilimsel literatürde bu kavram 2d:4d oranı olarak geçer. Burada d harfi *digit* (parmak) kelimesinin baş harfini, 2 ve 4 rakamı da kaçıncı parmak olduğunu ifade etmektedir. Parmakları numaralandırmada başparmak 1 nolu parmak olarak kabul edilmektedir. Yukarıda cetvel aracılığıyla elde ettiğimiz ölçümler doğrultusunda işaret parmağımızın uzunluğunu yüzük parmağımızın uzunluğuna böleceğiz. Böylece aşağıda gösterilen oranı elde etmiş oluyoruz. Ölçümün hassasiyeti önemli olduğundan virgülden sonraki üç basamağı da kullanıyoruz.

$$\frac{\text{2d (işaret parmağı)}}{\text{4d (yüzük parmağı)}} = \frac{\text{8,6 cm}}{\text{8,4 cm}} = \text{1,020 cm}$$

İşaret parmağının yüzük parmağına oranı

Peki, bu oran bize ne ifade ediyor? Aşağıdaki resme bakarsanız aşırı uçtaki erkek beyni ve aşırı uçtaki dişi beyin arasında bulunan oranlar yer almaktadır. Irklar arasında farklılıklar olmakla beraber, genel anlamda 0,970 oranının altına inildikçe erkek beynine doğru bir gidiş, 1,000 ve üzerine çıkıldıkça da kadın beynine doğru bir gidiş söz konusudur. Aradaki değerler ise (0,980 ve 1,000 arası) ırklara ve coğrafi bölgelere göre çeşitlilik gösterdiğinden net bir yorum yapmamıza engel olmaktadır.

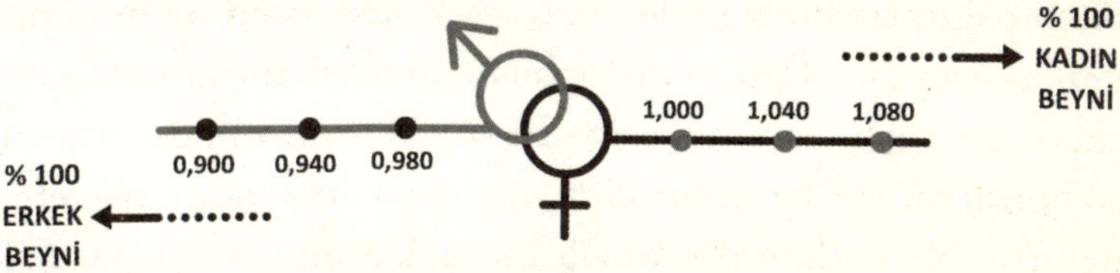

Parmak oranları ve beyin cinsiyeti

Peki, Bu Nasıl Oluyor?

Homeobox genlerinden bir grup gen, bebeğin anne karnındaki gelişim döneminde, ürogenital sistemin, el ve ayakların farklılaşmasında rol oynamaktadır. Burada bebeğin maruz kaldığı testosteron hormonu yüzük parmağının büyümesini sağlarken östrojen hormonu ise işaret parmağının büyümesini sağlamaktadır. İnsanda, hamilelik dönemindeki testosteron 8 ve 24. haftalar arası çok önemli olmakla beraber 2d:4d parmak oranı yaklaşık olarak 14 ve 16. hafta arası şekillenmektedir. Bu oran özellikle beş yaşından sonra sabit kalmaktadır.

Bilimsel mi Popüler mi?

Birçok okuyucunun parmakla beyin cinsiyeti arasındaki bu garip ilişki konusunda ciddi şüpheleri olduğunu varsayarak konuyla ilgili birkaç ilginç çalışma paylaşalım. Manning ve arkadaşlarının amniyotik sıvıları incelenen bebeklerde yaptıkları çalışmada, bu bulgular desteklenmiştir. Yani amniyotik sıvılarında yüksek miktarda testosteron olan çocukların, ilerleyen yaşlarında yapılan parmak ölçümlerinde yüzük parmaklarının uzun olduğu gösterilmiştir. Bu çalışma doğrudan bir kanıt olmakla beraber, asıl etkileyici olan sonuçlar bir hayvan çalışmasından gelmiştir. Yapılan bu çalışmada, hamilelik dönemi boyunca anne sıçana dışarıdan testosteron enjekte edilmiştir. Sıçanların gebelik süresi yaklaşık 21-22 gün olup bir doğumda 8-12 yavru doğurmaktadırlar. Eğer testosteron yüzük parmağını uzatabiliyorsa annesine testosteron verilen yavruların cinsiyetten bağımsız bir şekilde yüzük parmaklarının uzun olması gerekmekteydi. Oldukça ilginç bir şekilde, sonuçlar tam da bu şekilde çıkmıştı. Yani annesine hamilelik döneminde testosteron hormonu verilen yavruların, ilerleyen dönemde cinsiyetten bağımsız bir şekilde dördüncü parmaklarının ikinci parmaklarına göre daha uzun oldukları gösterilmiştir. Testosteronun bu etkisinin hayvanda gösterilmiş olması, gerçekten bu bilgi açısından oldukça önem oluşturmaktadır. Tüm bu bilgiler ışığında, ikinci ve dördüncü parmakların uzunluklarının oranının (2d:4d) hamilelik döneminde bebeğin maruz kaldığı testosteron hakkında dolaylı da olsa bir bilgi verdiğini söyleyebiliriz.

Bölüm 13

Doğuştan mı? Sonradan mı?

Ne önü ne yanı ne de arkası,
her başarılı erkeğin içinde bir kadın vardır.

İnsanın varoluşundan beri en çok merak edilen konularından biri bu meseledir. Acaba doğduğumuzda belirli bir şablonla mı doğarız yoksa zamanla yaşadıklarımız mı bizi bir şablona sokar? Bu konuda oldukça çeşitli fikirler bulunmasına rağmen genel kabul edilen görüş, her iki faktörün de bu konuda etkili olduğudur. O zaman da şu soru hemen karşımıza çıkacaktır: Acaba doğuştan gelen faktörler mi daha etkilidir yoksa sonradan kazanılan faktörler mi? Sevgili okuyucu, aslında bu oldukça geniş bir konu olup reçete kıvamında tek bir cevabı yoktur. O nedenle gelin, olayı sadece beyin cinsiyeti açısından inceleyelim. Kitabın şu ana kadar okumuş olduğunuz kısmında, kadın ve erkek beyinleri arasındaki birçok farkın biyolojik temellerini açıklamaya çalıştık. Hatta bu farkın oluşmasındaki temel neden olarak anne karnında maruz kalınan testosteron hormonunu gösterdik. Peki, bebek doğduktan sonra çevre, bu noktada ne kadar etkili olmaktadır? Örneğin erkek beyinli doğan bir kişi, eğitim ve çevre etkisiyle dişi beyinli hâle dönüştürülebilir mi? Yoksa bu kalıplardan ne yaparsak yapalım hayatımız boyunca kurtulamaz mıyız?

Her ne kadar çocukların psikoseksüel anlamda nötr olarak doğduklarına inanan bir grup olsa da aslında yeni doğmuş bir bebeğin beyni bir şeyleri karalayacak boş bir defter gibi değildir. Büyük bir oranda, cinsiyetine göre ön oluşumları gerçekleştirilmiş bir beyinle dünyaya geliyoruz. Çevresel etkilerin, beynin gelişimi üzerine oldukça önemli etkileri vardır. Ama bu etki, beynin ancak belirli sınırlar içerisinde varyasyon göstermesine izin verir. Bunu incelemek için çocuklara ve yeni doğmuş bebeklere bakmamız yeterlidir aslında. Kendileri her ne kadar konuşamasalar da birçok davranış modeli sayesinde onlar hakkında fikir sahibi olabiliriz.

Oyuncak Hikâyesi

Çocukların oyun ve oyuncak tercihleri aslında bize birçok bilgi sağlamaktadır. Bildiğiniz üzere erkek oyun ve oyuncakları kızlarınkinden oldukça farklıdır. Kimilerine göre bu doğuştan gelen bir tercihken kimilerine göre yetiştirilme ile ilgili bir meseledir. Bu konuyla ilgili oldukça ilginç örnekler bulunmaktadır. Örneğin eğitim seviyeleri oldukça yüksek olan bir aile, oğulları şiddete eğilimli olmasın diye kendisine sadece öğretmen, devlet adamı şeklindeki oyuncak figürler ile önemli mimari yapılara ait oyuncaklar almıştır. Ara sıra çocuklarını gizlice izleyen bu anne baba gördükleri karşısından büyük bir hayal kırıklığına uğramıştır. Çünkü oğulları hiçbir şiddet öğesi taşımamasına rağmen oyuncak şeklindeki öğretmen ile oyuncak şeklindeki Pisa Kulesi'ni hunharca dövüştürüyordu. Görünen o ki öğretmenin Pisa Kulesi karşısında hiçbir şansı yoktu. Sizlerin de çevrenizde gözlemleyebileceğiniz gibi bir erkek çocuğa bir oyuncak bebek verdiğinizde muhtemelen ayak ve bacaklarını koparacaktır. Çünkü bebeği parçalar düzeyinde incelemeyi tercih edecektir. Aslında benzer örnekler kız çocukları için de geçerlidir. Kızlarının bebek ve ev eşyaları ile oynamalarını istemeyen bir aile de kızlarına çok güzel bir itfaiye arabası almıştır. Arabayı aldığında çok mutlu olan küçük kız araba ile konuşarak "Bugün çok yoruldun, artık uyku vaktin geldi" diyerek arabanın etrafına bir bez sarmakta ve onu ayaklarında sallamaktadır.

Oyuncakların yanında, çocukların sergiledikleri oyun tarzları da bize birçok bilgi vermektedir. Örneğin herhangi bir kreş ya da okul bahçesine baktığınızda kızların kendi içinde, erkeklerin de kendi içlerinde oynadıklarını görürsünüz. Bunun en önemli nedenlerinden biri, oyun türlerinin farklı olmasından kaynaklanmaktadır. Kızlar daha çok sırayla oynanan ve iletişime dayanan oyunları seçerlerken erkek oyunlarında sürekli bir rekabet söz konusudur. Bu rekabet hayatlarına o kadar işlemiştir ki yemek ve servis sıralarında bile birinci olmak için itişip birbirlerini sıradan çıkarmaya çalışırlar.

Sonuç olarak çocukların oyun ve oyuncak tercihi konusunda kuvvetli güdülerle doğduğuna yönelik çok fazla araştırma vardır. Ama bunlardan en ikna edici olanı Melissa Hines ve ekibinin maymunlar üzerinde yaptığı çalışmadır. İnsana en yakın tür olan Vervet maymunlarında yapılan çalışmada, yavru maymunların yaşam alanlarına çeşitli oyuncaklar bırakılmıştı. Alana bırakılan oyuncaklar; erkek oyuncakları (kamyon vs.), kız oyuncakları (bebek vs.) ve nötr (boyama kitapları) oyuncaklar olmak üzere üç türdeydi. Daha sonra yaşam alanını sürekli gözetim altında tutarak maymunların hangi tip oyuncak ile ne kadar fazla vakit geçirdikleri hesaplanmıştı. Sonuçlar gerçekten inanılmazdı sevgili okuyucu. Dişi yavru maymunlar, oyuncak bebek gibi kız oyuncakları ile daha çok vakit geçirirken erkek yavru maymunlar daha çok kamyon gibi erkek oyuncakları ile vakit geçirmişlerdi. Boyama kitabı gibi herhangi bir cinsiyete yönelik olmayan nötr oyuncaklarla oynarken benzer sürede vakit harcamışlardı.

Bu araştırma oldukça kaliteli bir dergide yayımlanmış, çarpıcı bir çalışmadır. Özetle cinsiyetler arasında görülen oyuncak tercihlerinin kültür ve yetiştirme ile doğrudan ilgisi yok gibi gözükmektedir. Zira maymunların insanların kullandığı anlamda bir kültüre sahip olmadığından yola çıkarak bu yorumu yapabiliriz. Tüm bunlara ilaveten insanda yapılan bazı araştırmalar, doğmadan önceki hormon maruziyetinin önemini oldukça açık biçimde göstermektedir. Örneğin Konjenital Adrenal Hiperplazi gibi bir takım genetik hastalıklar nedeniyle hamilelik döneminde yüksek miktarda androjene maruz kalan kız bebeklerin, 3-4 yaşları ve sonrasında daha çok erkek tipi oyuncaklara ilgi gösterdiği bilinmektedir. Aslında bilimsel literatürde konuyla ilgili çeşitli vakalar olmasına rağmen konuyu en iyi özetleyecek olan Bruce ve Brenda vakasıdır. Sorularımıza cevap bulmada bize yol gösterecek bu vakaya gelin hep beraber bakalım.

Bruce ve Brenda Vakası

1960'lı yılların başında Kanadalı bir çiftin, tek yumurta ikiz erkek çocukları olmuştu. Oldukça sağlıklı doğan ikizler yedi aylık olduklarında aileleri, inançları gereği çocuklarını erkenden sünnet ettirmek istemişti. Cerrah, operasyon sırasında dokuyu elektrikle yakan bir bıçak kullanmıştı ve yapılan bir hata sonucunda ikizlerden birinin penisi şiddetli biçimde yanmış, işin özünde parçalanmıştı. Bu yaşanan inanılmaz talihsiz olay aileyi oldukça büyük bir kedere boğmuştu. Doktorların olayı bir şekilde düzeltebilecekleri inancı içerisinde beklemekten başka çareleri yoktu. Konu oldukça ciddi olduğundan çeşitli uzmanlardan oluşan bir hekim komisyonu bir araya gelerek toplantılar yaptı. Daha sonra tüm hekimlerin fikir birliğine vardığı karar aileye iletildi. Bu kararda, penisi şekil bozukluğuna uğrayan ikizin normal bir heteroseksüel yaşam süremeyeceği, akranlarından kaçınabileceği ve diğer birçok yönden mustarip olabileceği vurgulanmaktaydı.

Kendilerine iletilen, oldukça ciddi gözüken bu karar sonrası aile, Johns Hopkins Üniversitesi'nden göreve yapan dönemin ünlü cinsiyet araştırıcısı John Money'nin danışmanlığına başvurmuştu. Aile ile yapılan çeşitli toplantılar sonrasında John Money, aileye çocuğun cinsiyetinin değiştirilmesinin tek çözüm yolu olacağını belirtmişti. Money'e göre henüz çok erken bir dönemde olduğu için bebeğin cinsel organlarına cerrahi bir müdahale yapılması, gerekli hormon tedavisi ve çocuğun aile tarafından bir kız gibi yetiştirilmesi sorunu çözebilirdi. Çünkü Money'e göre bizler boş bir defter gibi doğmaktaydık ve yaşadıklarımız sayesinde bu defteri doluyordu. Yani kendisi, yaşadığımız cinsiyete özgü davranışların doğuştan geldiğine değil, daha çok yetiştirme tarzına bağlı olduğuna inanıyordu. Doğal olarak ayağına gelen bu vaka, onun bu düşüncesini kanıtlamaya yarayacak inanılmaz bir fırsattı. Çünkü penisi zarar görmüş çocuğun bir de ikiz kardeşinin olması, vakayı kendi içinde karşılaştırabileceği bulunmaz bir fırsat olacaktı.

Money'nin aileyi duruma razı etmesinden sonra 17 aylıkken çocuğun testisleri çıkarıldı ve dişi cinsel organına benzeyecek biçimde yeniden şekillendirildi. Böylece bir erkek olarak dünyaya gelmiş olan Bruce isimli talihsiz çocuğa operasyon sonrası Brenda adı verildi. Aslında bu tarz vakalarda gizliliğin sağlanması için hastaya takma bir isim verilir. Money de o dönem için kendi tıbbi kayıtları ve yayınlarında sahte bir lakap olarak "John" ve "Joan" adlarını kullanmıştı. Ama gelişen olaylar nedeniyle olay basına yansıdığından biz de hikâyemize orijinal isimler olan Bruce ve Brenda ile devam edeceğiz.

Aile Brenda'nın normal bir kız olarak yetişebilmesi için her şeyi yapmıştı. Money'nin raporlarına bakılırsa aile ile yapılan görüşmelerde her şey yerinde gözüküyordu ve bir terslik yoktu. Ama sonradan anlaşılacağı üzere aslında çocuk, kendi içinde derin bir problem yaşıyordu. Aslında burada okuyucu ile şunu paylaşmak lazım. Vakayı idare eden doktor John Money hakkında, ilerleyen zamanla birlikte oldukça fazla söylenti çıkmıştır. Bu vakayı kişisel kariyeri için kullanıp sonuçları çarpıttığı, hakkında çıkan diğer iddialar arasında en masum kalanıydı. Özellikle Brenda ve ikiz kardeşi Brian üzerinde yapmış olduğu, bazı aşırıya kaçan psikolojik denemelerle ilgili iddialar gerçekten dudak uçurtacak cinstendir. Biz bunların kötü bir dedikodu olduğuna inanarak hikâyemize devam edelim.

Vakanın devamını, daha sonradan detaylı bir şekilde takip eden Keith Sigmundson adlı bilim insanı, Brenda'nın erken yaşlarda yaşadığı sıkıntıları bize aktarmaktadır. Çocuk kız kıyafeti giymeyi reddetmekteydi. Kız oyuncakları ile oynamayıp kardeşi Brian'ın erkek oyuncaklarını alıp sürekli onlarla oynuyordu. Kendisini uyarmalarına rağmen çişini sürekli olarak ayakta yapmakta ısrar ediyordu. En önemlisi, günlük yaşantısının çoğu döneminde, içinde her zaman bir şeyler yanlışmış gibi hissetmekteydi. Bunlar yetmezmiş gibi ergenlik döneminin başında uygulanmaya başlanan hormon tedavisi de işe yaramıyordu. Tüm bu sıkıntılara rağmen Doktor Money, aileye bu yalanı hiç taviz vermeden sürdürmesi gerektiğini sıkıca tembihliyordu. Çünkü Money'e göre bunlar hep alışma evresiydi ve çok yakın zamanda atlatılacaktı. Aileye bunları söyleyen Money, diğer taraftan bilim çevresine işlerin harika gittiğine yönelik akademik yayınlarına devam etmekteydi. Money ne kadar ısrar ederse etsin aile tam anlamıyla parçalanma noktasına gelmişti. Söylentilere göre baba kendini alkole vermişti, annesi ise intiharın eşiğindeydi.

Brenda 14 yaşına geldiğinde bir şeyler yaşandı ve aile tüm gerçeği kendisine anlattı. Ailenin gerçeği anlatmasındaki neden, kimi kaynaklara göre Brenda'nın intihar etmeye kalkışmasıydı, kimi kaynaklara göre ise bir başka doktor, aileye bu doğrultuda tavsiye vermişti. Gerçek sebebi ne olursa olsun önemli olan konu, ailenin Brenda'ya aslında bir erkek olarak doğduğunu ve sonrasında başına gelen süreci tüm detayları ile anlatmasıydı.

Aslında ailenin hiç beklemediği bir şey olmuştu. Duygularında neden derin bir uyuşmazlık olduğunu sonunda anlayan Brenda, derin bir rahatlık yaşamıştı. Gerçeği öğrendikten sonra ani bir şekilde tekrar erkek giysileri giymeye, erkek gibi davranmaya ve David ismini kullanmaya başlamıştı. Kendisine uygulanan östrojen nedeniyle büyüyen göğüsleri ve cinsel organında bir takım cerrahi operasyonlar geçirerek tekrardan erkek görünümüne kavuştu. David, ilerleyen zamanda evlenmiş, karısının bir önceki evliliğinden olan çocuğu sayesinde baba da olmuştu. Ama ilerleyen yıllar, gerek ailesinin geri kalan üyeleri, gerekse de David için çok da iç açıcı geçmemişti. İkiz kardeşi Brian'ın yüksek doz antidepresan kullanımına bağlı ölümünden sadece iki yıl sonra David bir otoparkta kafasına dayadığı tüfek aracılığıyla 38 yaşında intihar etti. Bruce olarak doğan bu çocuk, Brenda olarak yetiştirildi ve David olarak hayatına son verdi. Tek bir yaşama sığdırılmış üç farklı karakter ile.

Bu acı vaka, bir gerçeğin altını net olarak çizmektedir. Sigmundson'un da belirttiği gibi elimizdeki kanıtlar, insanların psikososyal olarak nötral doğmadıklarını net bir şekilde göstermektedir. Yani Bruce/Brenda vakasında olduğu gibi çevresel faktörler ne kadar detaylıca hazırlansa da asla yeterli olmayacaktı. David'in vakasında gözden kaçırılan en önemli nokta, özellikle anne karnında maruz kalınan testosteron ve benzeri androjenlerin etkisinin göz ardı edilmesi olmuştur. Yukarıda da belirttiğimiz gibi vakayı yöneten John Money hakkında ilginç suçlamalar olmakla beraber bu acı öykünün detaylarını merak edenler, J. Colapinto tarafından hazırlanan David Reimer'in biyografisine göz atabilirler.

Bitiş

Ne zaman bir kitap açıp okusan bir ağaç gülümser
ölümden sonra yaşam olduğunu bilen.

Dışarı çıktığında kızın yüzüne vuran temiz hava birazcık olsun kendisine gelmesini sağladı. Hava yağmurluydu. Ama bu yağmur, kızı durdurmaya gücü yetecek bir doğa olayı değildi. Paltosunun kenarlarını yukarı kaldırıp kafasını da hafif bir açıyla öne eğerek yürümeye başladı. Bu sefer çok kararlıydı. O çok sevdiği cümle kafasının içinde dönerken dudakları istemsiz bir şekilde kafasında dönen cümleye eşlik etti: "Siz izin vermedikçe hiç kimse ama hiç kimse hayalinizdeki ağacı kesemez." Kızın her hücresiyle inandığı bir cümleydi. Bu ağaç onun hayaliydi ve kimse bu ağacın dalına bile zarar veremeyecekti. Geçmişte tekrar tekrar yaptığı hataları bu sefer asla yapmayacaktı. Tam bu sırada rüzgâr, kızın kafasından geçen bu düşünceleri okumuş gibi alay edercesine yağmur tanelerini kızın suratına suratına çarptırıyordu.

Normalde makyaj yapmaktan nefret eden kız, bu akşam için sadece gözlerinin etrafını boyamıştı. Gözünden çıkan yaşların akıttığı rimele, son darbeyi yağmur damlaları vuruyordu âdeta. İşte şimdi tam anlamıyla bir palyaçoya dönüştüm diye düşündü. Düşüncelere öylesine dalmıştı ki yoldan karşıya geçerken arabaları bile umursamadı. Sanki bacakları ne yapması gerektiğini ondan iyi biliyordu. Her zamanki inadı sayesinde arkasına bir kez bile bakmadan yoluna devam ediyordu. Kızın yıllardır net kuralıydı: Ne yaparsan yap, asla arkana bakma. Yerdeki su birikintilerinin ıslattığı ayakkabılarına baktı. Tam bu sırada sanki hayali bir el onu omzundan sertçe çekmişçesine bir anda durdu. Aynı hayali eller, sanki kızın kafasını hareket ettirmek için zorluyormuşçasına, kız inanılmaz bir biçimde arkasına dönme isteği duydu. Ve ilk kez arkasına döndü tüm kurallarını yıkmayı göze alarak. O an oğlanı gördü. Peşinden koşturan oğlan karşıdan karşıya geçmeye çalışıyordu. Yoldaki birikmiş sulara basmamak için yaptığı vücut hareketleri, kıza bir an hiç bilmediği bir Afrika kabilesinin ilkel bir dans gösterisi gibi gözüktü. Oğlanın bu aptalca yürüyüşü kızın gülümsemesine yol açmıştı. Oğlanın böyle yürümesinin sebebi, ayağındaki yeşil Converse ayakkabılardı. Tam dört yıl önce kızın oğlana hediye ettiği bu ayakkabıya gözü gibi bakardı oğlan. Kızın beyninde anılar, bir kıvrımdan diğer kıvrıma uçuşurken bir anda oğlan, kızın kendisine doğru baktığını gördü. Suçüstü yakalanmış bir çocuk gibi kalakaldı yolun ortasında. Kız, bu mesafeden oğlanın yüzünde oluşan kırmızılığı göremese de çok net hissediyordu. Kesin yine kızarmıştı. Bir an içinde katılaşan şeylerin hızla eridiğini ve oğlanı aslında ne kadar sevdiğini hissetti. Dudaklarındaki gülümseme tam gözlerine de sıçrayacağı an, onu tüm bu hayallerden çıkaran korna ve fren sesinin karışımı olan o acı çığlığı duydu. Sadece iki saniyelik bakışmanın bu kadar uzun sürebileceği asla aklına gelmezdi. Bir anda her yer karardı.

Genç kız sırılsıklam bir şekilde yatağında doğruldu. Sanki rüyasında üzerini ıslatan yağmur, yatağının üzerine de yağmıştı. Gördüğü rüyanın etkisiyle kalbi, göğüs kafesinin içindeki dolaba kilitlenmiş bir çocuğun, çaresizlik içinde kapıyı yumruklaması gibi atıyordu. Komodinin üzerindeki suya uzandı. Saat, sabahın 4'ünü 2 geçiyordu sadece. Kırk iki ve hayatın anlamı diye düşündü kız. Oğlan öleli neredeyse dokuz ay olmuştu ve kız hemen her gece aynı rüyayı görüyordu. İlk üç ay doğru düzgün uyuyamadığını hesaba katarsak, rüyalar bu üç ayın acısını çıkarıyordu âdeta. Şu anda oğlanın toprağın bilmem kaç metre altında yatıyor oluşunun anlamsızlığını düşündü. Tam bu sırada yanında, üstü çıplak bir şekilde uyuyan adam, yatağın diğer tarafına doğru kıvrıldı. Kızın gece uyanışlarına alışkın olduğu için artık uykusunu bölerek kalkıp ne olduğunu bile sormuyordu. Kız, tekrar yatağa uzanıp uyumakta olan adama sarıldı. Muhtemelen sabaha kadar uyuyamayacağım düşüncesinin üzerinden 221 saniye geçmişti ki uykuya daldı. Oysa tam 42 gün sonra başına gelecekleri bilseydi bu kadar kolay uyuyamayabilirdi (Devam edecek).

POPÜLER KÜLTÜR-BİLİM SERİSİ

BEYİNDE ARARKEN BAĞIRSAKTA BULDUM Serkan Karaismailoğlu

ANI VE ARAŞTIRMA SERİSİ

ŞİŞMAN KIZ TOMBUL TEYZE Tülay Üstündağ

ELMA ÇOCUK

ACEMİ KORSAN Nehir Yarar
AKLINI ARAYAN ÇOCUK Özden Aslan
ALEXANDER VE OYUNCAK FARE Leo Lionni
ANADOLU'NUN KAYBOLAN MASALLARI Edoğan İzgören
ARZAVUL TEPESİ Mehmet Erkan
ARZAVUL TEPESİ 2 - MOLLİMLER Mehmet Erkan
ARZAVUL TEPESİ 3 - KAYIP ÜLKELERE DOĞRU Mehmet Erkan
BALIK ÇORBASI Ursula K. Le Guin
BEYBABADAN MASALLAR Ahmet Önel
CEREN KONUYU ANLAMADI Pelin Güneş
CESUR AKTÖR GERÇEKLER ORMANI'NDA Dilara Yalçın Okur
ÇIPLAK ZEBRA Ahmet Önel
ÇOK HAYAL KURAN ÇOCUK Şermin Çarkacı
ÇORAP AĞACI Arzu Sehim
DÜŞ HIRSIZININ ÇIRAĞI Ahmet Önel
EN YENİ ARKADAŞIM Mehmet Erkan
EZGİMİZİ KİM ÇALDI? Ahmet Önel
FREDERICK Leo Lionni
GECEYİ YUTAN ÇOCUK Şenay Seba
GÜNLE YARIŞAN YARIŞÇI Ahmet Önel
HAYAL KASABASI Yeşim Keleş
HEZARFEN Uçmak Özgürlüktür Ahmet Önel
İBRAHİM'İN ELMA YANAKLARI Özlem Afacan Erbaşlar
İNATÇI TOHUM Ceren Kerimoğlu
JULES VERNE ÖYKÜLER-1 Jules Verne
JULES VERNE ÖYKÜLER-2 Jules Verne
JULES VERNE ÖYKÜLER-3 Jules Verne
KALBİME DOKUN Berna Uslu Kaya
KALBİNAZ BEKLERKEN Pelin Güneş
KANATSIZ ARI MU Ahmet Şerif İzgören
KANATSIZ ARI MU 2 - İLK UÇUŞ Ahmet Şerif İzgören
KANATSIZ ARI MU 3 - BÜYÜK SALDIRI Ahmet Şerif İzgören
KARA OKLAR ÇETESİ Ahmet Şerif İzgören
KARA OKLAR ÇETESİ KIBRIS - AZİZ BARNABAS'IN SIRRI Ahmet Şerif İzgören
KAYIP MADALYANIN PEŞİNDE Ferrin İlbay Yalnız
KILKUYRUK POPİ - UYKUSUZ HER GECE / Salim Keskingöz
KILKUYRUK POPİ - GÜZELLİK TACI / Salim Keskingöz
KIRMIZI BENEKLİ KUTU Özden Aslan
KIRMIZI DENİZYILDIZI Ceren Kerimoğlu
KONAKTA NELER OLUYOR? Pelin Güneş
KÖŞE BUCAK SAFRANBOLU Pelin Güneş
KREŞENDO Susanna Mattiangeli, Felicita Sala
KÜÇÜK BEYAZ UĞUR BÖCEĞİ Ahmet Şerif İzgören
KÜÇÜK BULUT SIRUS Ceren Kerimoğlu
LABİRENT Şenay Seba
MİNİK VE BENEK Nilay Dalyan
MOMO'NUN SARAYI Pelin Güneş
OKYUNUS'A ÖZGÜRLÜK Ceren Kerimoğlu
PASTA KAMYONU Pelin Ossmann
PEMBE CADI'NIN DÜKKÂNI Meral Pişirener
PEZZETTINO Leo Lionni
PİNRA'NIN KOKU KONSERVESİ Sibel Ersoy Arslan
PO - İYİLİK PATAPATA'YA İNİYOR Ahmet Şerif İzgören
PO - KOYUNLAR KRALI'NIN İZİNDE Ahmet Şerif İzgören
PORTAKALLI KURABİYE SOKAĞI Pelin Ossmann
POŞETTO Ceren Kerimoğlu
RESİMLİ HAYAL ANSİKLOPEDİSİ Şener Şükrü Yiğitler
SAHİ Mİ SUSAM Ahmet Önel
SAKIZ AĞACI Ceren Kerimoğlu
SANDIK SEPET ANKARA Pelin Güneş
SEVGİLİ GÜNLÜK ÖYKÜ ANLATIYOR Ahmet Önel
SIRTIMDAKİ OKYANUS Serhan Kansu
SÜRPRİZ BİLMECE GÜNÜ Başak Eralp Gür
SÜTKUŞ'UN ÇOCUKLARI Hülya Kibaroğlu
ŞAKACI KUŞLAR SOKAĞI Petek Sinem Dulun
THE GANG OF BLACK ARROWS Ahmet Şerif İzgören
TİLKİ MASALLARI 1 - CESARET SANDIĞI Şermin Çarkacı
TİLKİ MASALLARI 2 - UYUYOR MUSUN? Şermin Çarkacı
TİLKİ MASALLARI 3 - GARİP BİR KUYRUK Şermin Çarkacı
YAPRAĞIN RENKLERİ Ceren Kerimoğlu
YEŞİL KUYRUKLU FARE Leo Lionni
YÜZYÜZ Leo Lionni

İzgören
yayınları

40'ININ DA KULPU KIRIK 40 TÜRK Ahmet Şerif İzgören
AĞLAMA ANNE Şule Özcan
BİR TÜRK ZABİTİNİN ANILARI Ahmet Şerif İzgören
CUMHURİYET'LE BÜYÜYEN KADIN: NERİMAN SAMURÇAY Bircan Kırlangıç Şimşek
DEMİRCİ Yusuf Canlı
FUTBOLUN BUKALEMUNLARI Tarkan Kaynar
HAYALDEN ÖTE Faik Byrns
İLKLERİ GERÇEKLEŞTİREN YENİLİKÇİ PROFESÖR OĞUZ MANAS Tuğba Yıldırım
ÖTEYE MEKTUP Muazzez Akın
SARI SİYAH Ahmet Nacar & Ahmet Şerif İzgören
SARI SİYAH BURSA Ahmet Nacar & Ahmet Şerif İzgören
UÇAN HALI BABAM Ahmet Şerif İzgören